THE EXTRA HOUR

Powerful Techniques to
Create More Time in Your Day

超速

ウィル・デクレール
バオ・ディン
ジェローム・デュモン

鹿田昌美
［訳］

サンマーク出版

この本を、１本指でタイピングしている人と、
それにイライラしている人に捧げる。

日本の皆さんへ

本文中で言及するアプリには、英語で使用するものがある。詳しい使い方については、「(アプリ名)＋使い方」などで検索すると、日本語での説明がヒットするので、そちらを参照してほしい。

この本では非常に役立つツールをたくさん紹介した。ただし、現時点ではすべてのツールが役立つとは限らない(将来的には役立つかもしれないが)ため、自分に最も適したツールを選択してほしい。

もしコメントがあれば、hey@extrahourbook.com にいただければ。

プロローグ――世界中のメガ成功者に「時間術」を聞きまくった

人生に「1か月」はいくつある？

上の図をよく見てほしい。「〇」が縦横に並んでいるのがわかるだろう。

この〇の一つひとつが、人生の「1か月」だ。

ほとんどの人は、人生がえんえんと続く「1か月」の連続だとは考えないだろう。しかし、30歳の人も、60歳の人も、90歳の人も、この図の中に、現在のあなたの立ち位置が示されている。

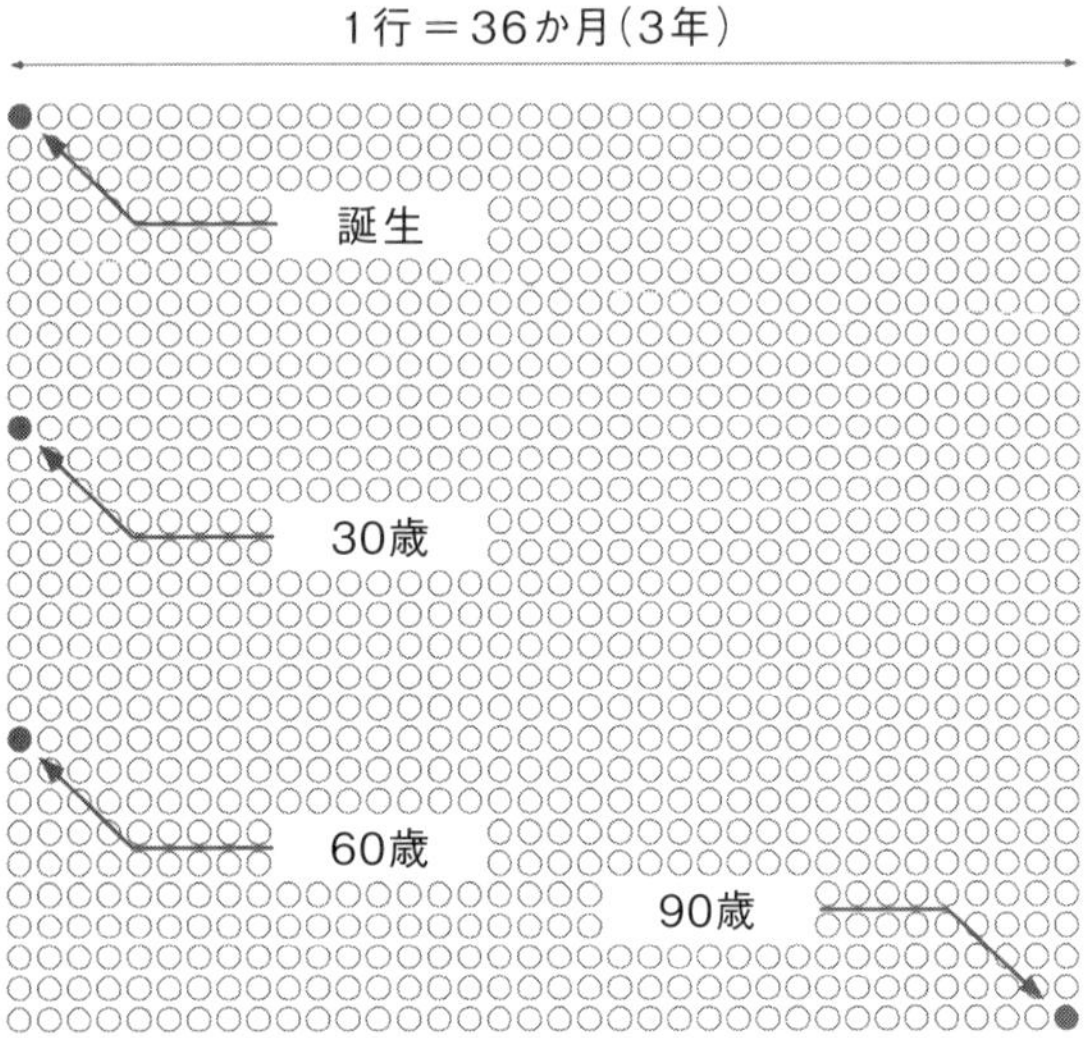

人気ブログ『Wait But Why』のティム・アーバンが作成した図が伝えてくれることは、ただ1つ。**人生は有限のリソースであり、無駄にするには短すぎる**ということだ。

生産性を高めることは、それ自体がゴールではなく、人生全体を豊かにするための手段だ。退屈でつまらない作業に費やす時間を最小限におさえることで、自分を本当に幸せにしてくれることにもっと時間を使えるようになる。

つまり、生産性を高めることができれば、もっと人生を充実させることができる。

それは、あなたにとって、こういうことかもしれない。

・ずっと行きたかった場所への旅行に出かける
・友人とディナーを食べながら有意義な会話を楽しむ
・夜は早めに帰宅して、子どもとの時間を楽しむ
・刺激やひらめきを得られるプロジェクトに取り組む

私たちの「生産性」は止まっている

３００年前なら、この本を最後まで読むのに必要なろうそく代を支払うために、６時間働く必要があった。

現在では、収入が増加し、技術によって電球の価格が劇的に下がったために、同じ光量を得るのに必要な労働時間は、わずか０・５秒である。[1]

産業革命が始まって以来、生産効率は、ほとんどの経済セクターで大幅に向上している。その結果、１人当たりの労働時間が、とりわけブルーカラーの労働者で働く時間が大きく減少した。

1930年に、経済学者ジョン・メイナード・ケインズは、生産性が継続的に進歩することによって、21世紀にはすべての人の週当たりの労働時間が15時間にまで減少すると予測した。

しかし、実際にはそうはならなかった。**むしろ近年では、生産性は高まるどころか、ほぼ停滞している。**

学者の予測に反して長くなる「労働時間」

第三次産業革命により、IT部門と通信部門の急激な成長が見込まれた。しかし、生産性は初期に急成長したあと伸びが鈍化し、**2010年から2016年の北米と西ヨーロッパの生産性は、年間わずか0・5%しか増加していない**(3)。

ノーベル賞を受賞した経済学者ロバート・ソローは、早くも1987年に「生産性の統計の中以外では、いかなる場所においてもコンピュータ時代の到来を目にすることができるだろう」と予見している。

そして実際、コンピュータは依然として生産性に寄与していないのだ。

北米／西ヨーロッパのブルーカラー労働者の
週当たりの平均労働時間(2)

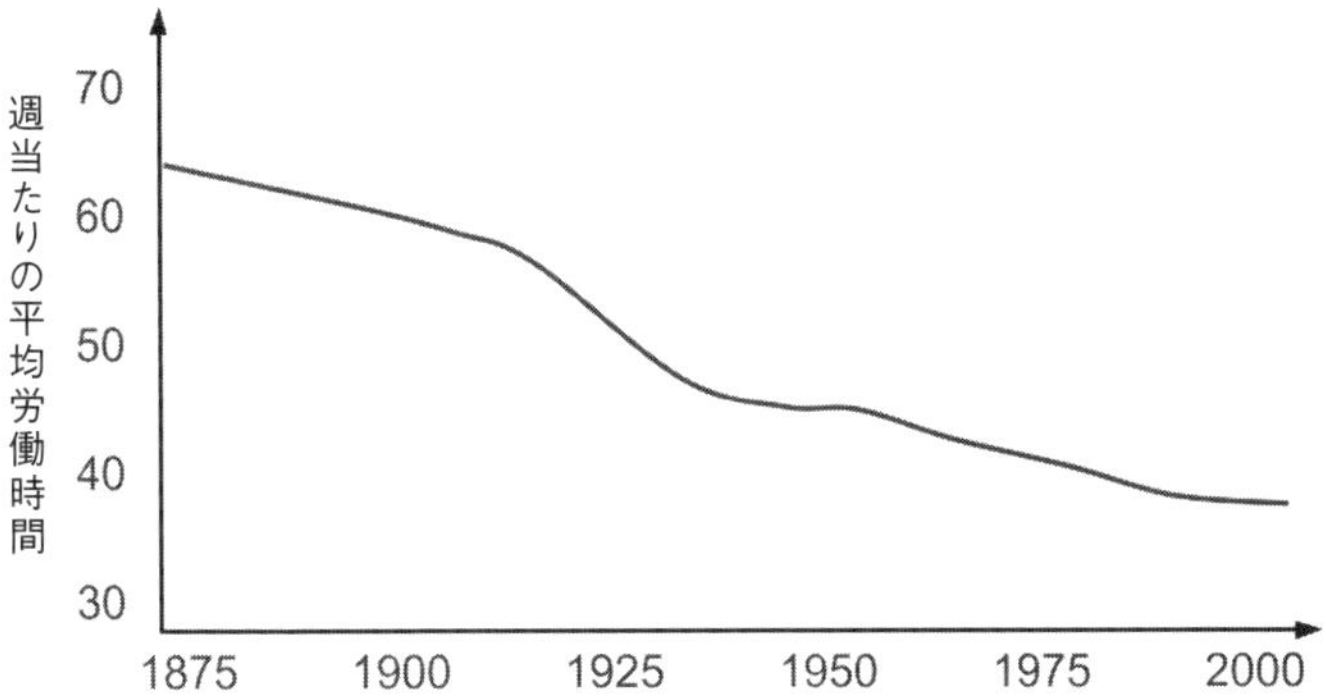

かつて経済学者たちは、労働時間が着実に減少すると予測した。

しかしアメリカのフルタイム労働者の週当たりの平均労働時間は、２００１年からほぼ横ばいで47時間強である。(4)

さらにフランスでは、**２００３年には週42・6時間だった管理職の平均労働時間が、２０１１年には44・1時間と、かえって増加している**のだ。(5)

今や、ゆったりとランチ休憩を取るなど、夢のまた夢。従業員は常時いっぱいいっぱいだ。友人たちは深夜や週末にも働き、「燃え尽き症候群」という言葉がすっかり日常語になった。

ホワイトカラーは、新たなブルーカラーなのだ。

私たちの「意識」は奪われている

機械の導入は、ブルーカラーの労働時間を減らすことに成功した。しかし新しいテクノロジーは、同じだけの恩恵を会議室にいる同僚には与えていない。いったいなぜだろう？

そんな疑問を持つのはもっともだ。旧世代にとって、作業を容易にする道具といえばペンと紙くらいだったが、今や私たちは、驚くほど大量のデジタルツールを所有している。

その唯一の目的は、私たちの仕事と生活を楽にすることであり、こういったツールが、仕事の合理化から全自動化までを担ってくれているはずなのだ。

しかし、現実にはそうなっていない。

1つ考えられるのは、**現代の仕事の取り組み方が、実は効率を下げている**ということだ。

私たちは、会議によってあまりにも多くの時間を無駄にし、壁や仕切りがないオフィスのせいで作業を際限なく中断させられ、デジタル技術への依存が大きすぎるあまり、スマートフォンとタブレット端末とパソコンに、常に意識を奪われている。

Eメールとテキストメッセージがとめどなく流れ込んで集中を妨げるので、職場で多くの時間を使っているわりには、仕事が片づかないのが現状なのだ。

ここで強調・共有したいのが、**「新しいテクノロジーは、人々を仕事に縛りつけるためではなく、仕事から解放するために使われるべきである」**ということだ。デジタル技術との関係性を逆転させる必要がある。デジタル技術に振り回されるのではなく、デジタル技術に役に立ってもらうのだ。

私たちは、仕事で経験するプレッシャーを利用してやる気を高め、整理整頓し、集中力を高め、作業のスピードを上げる方法を学ばなければならない。

「一度立ち止まる」ほうが速く動ける

生産性を上げるために大切なのは、**正しいマインドセットを持つ**ことだ。

それは、1つのモットーに集約される——「ものぐさな自分を受け入れること」だ。

責任を遠ざけてダラダラ過ごせと言っているのではない。価値の低いタスクをできる限り回避する道を見つけて、自分が本当にやるべきことについての戦略を立てるのだ。基本的には、くり返しの退屈な作業に長時間はまったときは、必ずこう自問すべきだ。

「二度と同じことをしないですむために、やり方をどう調整すればいい？」

もちろん、差し迫ったタスクに追われる日々の中で、仕事のやり方について振り返る時間をつくるのは容易ではない。だから、いつも（そしていつまでも）自動的に手を動かして、今までのやり方を続けてしまうのだ。たとえばこんなふうに。

・思い切ってスケジュールの優先順位を組み直すのではなく、毎週代わり映えのしない無意味な会議に耐え続ける
・誰かに研修を施して仕事をふるのではなく、重要でもないのに時間を食う作業のために無駄に時間を使う
・未読のメールマガジンを登録解除せずに、1通1通削除する

私たちが持つべきなのは、**「投資型のマインドセット」**だ。つまり、**長期的な結果を得るために短期的に努力をする意識**である。

作業の生産性についてもビジネスと同様に考えて、成功するために投資をしよう。

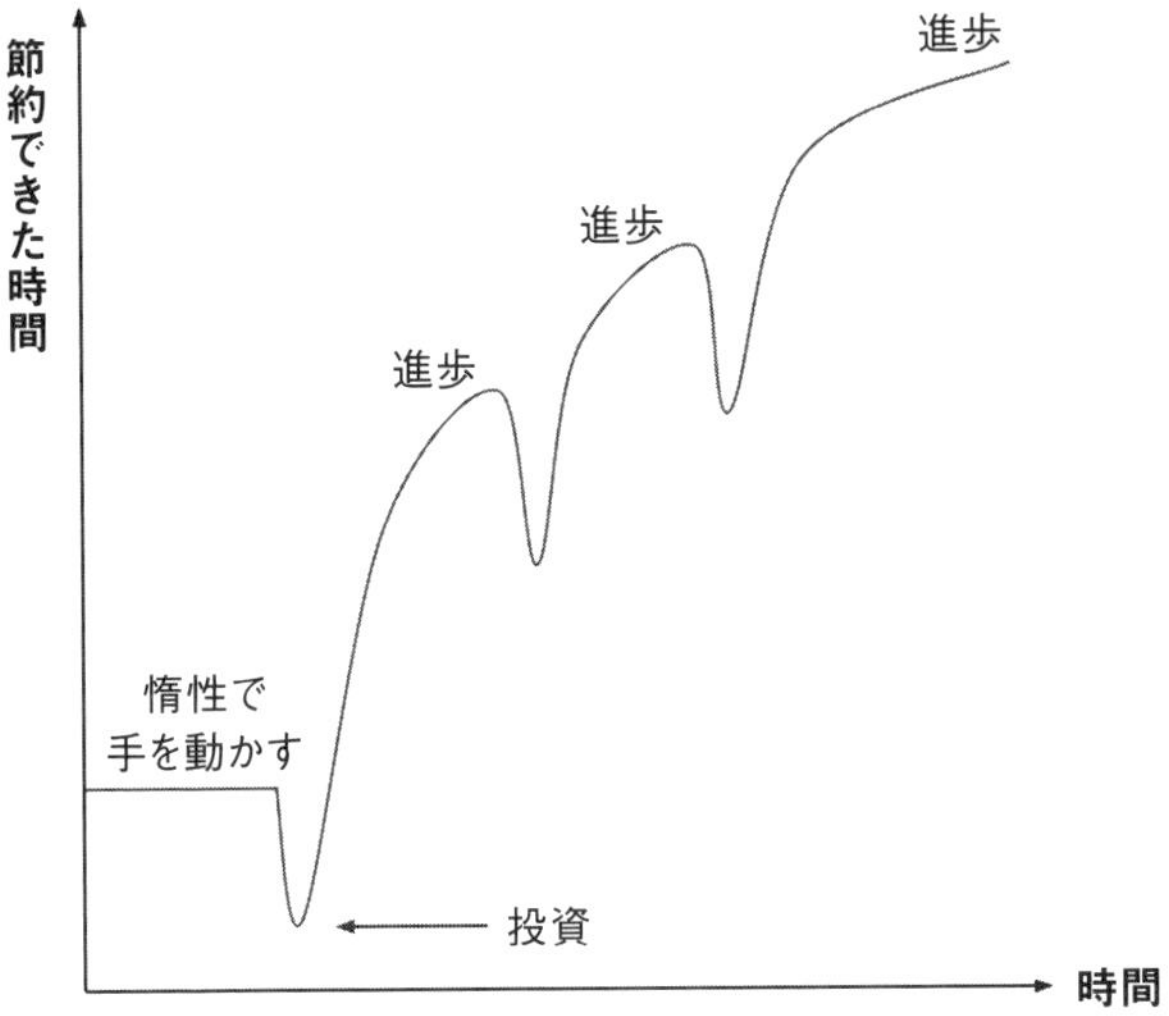

1週間が経っても仕事のやり方を微調整していないとしたら、今のあなたには、習慣を批判的に見る目が足りないのかもしれない。「継続的に改善をする」という考え方を受け入れて、投資型マインドセットをルーティン化することが非常に大切だ。

「1%の改善」が莫大なメリットを生む

断っておくが、最初のうちは、あなたが受け取る利益は、取るに足らないものに思えるかもしれない。少しの工夫でスピードが1%速くなったとしても、40時間でわずか30分ほどの節約にしかならず、これは周囲の人はもちろん、自分でも気づかないほどの進歩にすぎないからだ。
しかし、小さな改善は、雪玉が転がりながら大きくなるように、最終的には大きな違いを生む。**週に一度、ほんの1％の時間を節約する変更を加え続けることができれば、1年後には、1週間かかる仕事がたった24時間でできる計算**だ。

このアプローチを取ることによって、エコノミストが**「ラチェット効果」**「所得が減少しても消費はその後も減少分ほど減らずに、それまでの消費水準を維持しようとすること」と呼ぶものからも利益を得ることができる。一つひとつの改善が多くの価値を生むために、以前の方法に戻ることは考えられなくなるのだ。**やる気を維持するためには、初期投資が多ければ多いほど将来の見返りが大きいことを覚えておこう。**

これが、生産性を大幅に高めるための根本的な秘訣《ひけつ》だ。少しずつ改善を加えていくことが、積もり積もって最終的に大きな違いを生む。

「グーグルクローム」を使うだけで優位に

生産性の高さは、生まれながらの才能によるものではない。仕事を早く終わらせて、家族との生活も楽しみながら、副業でプロジェクトを成功させる人は、超効率的になるために、日々の時間を投資してスキルを磨き、テクニックを身につけている。

1つ興味深い例を挙げよう。

従業員5万人を対象にした最近の研究[6]から、**ウェブブラウザとしてファイヤーフォックスまたはChrome（グーグルクローム）を使用している人は、インターネットエクスプローラーまたはサファリを使用している人よりも、常に成果が高いことがわかったのだ。**

平均して、前者のユーザーは後者のユーザーよりも25％早く目標を達成したという。

研究チームによる説明は、「パソコンの初期設定をそのまま使うのではなく、時間をかけて最適なブラウザを探す人は、常に改善方法を探そうとする性分である可能性が高い」というものだ。

ゆっくりだが着実に、自分自身と習慣を改善するために、時間を投資しよう。前向きな変化は徐々に表れる。

はじめのうちは、成果にほとんど気づかないかもしれないが、がっかりしてはいけない。いつの日か振り返ったときに、ずいぶん遠くまで来たことに驚かされるだろう。

本書は「週末」だけで書き上げた

著者であるバオ、ジェローム、ウィルも、かつてキャリアをスタートさせたとき、ほとんどの人と同じやり方をしていた。夜遅くまで働き、週末に仕事をし、疲れ果てていたのだ。大学でも職場でも、スキルの習得に重点が置かれ、奇妙なことに、効率的に作業をする方法については、誰も教えてくれなかった。

徐々に私たち3人は、生産性を高める方法を見つけることに夢中になった。疲弊する退屈な作業に費やす時間を最小限にして、大切だと思えることに費やす時間をもっと増やすためだ。

生産性のテーマについて書かれた本やブログを読みあさり、あらゆる知り合いから情報を集め、良さそうなメソッドやアプローチを次々に試した。そして**効率を上げたことで、仕事や自分のプロジェクトに短い時間で大きなインパクトを与えることができるようになった。**

結果的に、家族や友人と過ごす時間が増え、同僚との時間が減った。

ある時点で、私たちは、1冊の本にまとめるのに十分な量の情報を蓄積していることに気がついた。そして執筆を始める前に、起業家の人たちにアドバイスをもらうことにしたのだ。

優れた新興企業（スタートアップ）に共通するのは、限られた時間と資金で最大限の効果を生み出してきたことだ。新興企業にとっては、効率的に仕事をすることが、プロジェクトの生死にかかわる。そのため、**時間管理のアドバイスを求めるなら、新興企業はうってつけの情報源**だ。

私たちは、起業家の友人や知り合いに片っ端からメールを送り、シンプルな質問をした。

「日常生活の中で、最も時間の節約になっていることを、1つ教えてください」

短い返事が数通もらえればいいだろうと思っていたが、**最終的に200通を超える返事**をもらうことができた。さらに、主にメールを介してやりとりをすることを予想していたのに、ほとんどの起業家に直接会って知恵を借りることができたのも幸運だった。

私たちは、集めた情報を携えて、週末にノルマンディーにあるジェロームの家へと向かった。周囲を遮断した環境に身を置いて、各々のパソコンを開き、文字を入力しはじめた。そして日曜の夜には初稿が完成していた。

完成した本がフランスで成功したことを受けて、国際版（今あなたが手に持っている本だ）を作成し、世界の１００人以上の起業家からの寄稿を元のテキストに追加することにした。

協力してくれた３００人にのぼる起業家には、BambooHR、Casper、Hired、Instacart、Made、MealPal、OnePlus、Product Hunt、Spotify、Techstars、Zoom、Zumper といった企業の創設者も含まれ、彼らのアドバイスを本書に記すことができたことを嬉《うれ》しく思っている。

新しいアイデアを得ることで、チーム管理、ＡＩ、スマートスピーカーまで、幅広いテーマと新たな視点が加わり、この本がさらに充実したものとなった。

生産性には「方程式」がある

自己啓発の本は、要点にまっすぐ向かわずに、まわりくどくテーマの周辺を行き来する傾向があるが、本書は、できる限り簡潔な構成とすぐに実践できる内容にすることを心がけた。

そういうわけで、さっそく核心に入ろう。生産性は、次のシンプルな方程式で表すこと

完了した仕事
＝
（費やした時間）
×
（集中の度合い）
×
（実行速度）

ができる。

超生産的になるためには、次のことが必要だと私たちは考える。

- **整理：作業を適切に行うために、上手に時間を割り当てる**
- **集中：作業に必要なだけの意識を向ける**
- **加速：作業をできる限り迅速《じんそく》かつ効率的にやり遂げる**

この3つのスキルが本書の柱だ。それぞれに1つの章を設けている。

各スキルの重要性と仕事に与える影響の度合いは、ビジネスや組織内での役割によって変わってくる。理論的には、若手レベルの従

それぞれの立場の主な優先事項

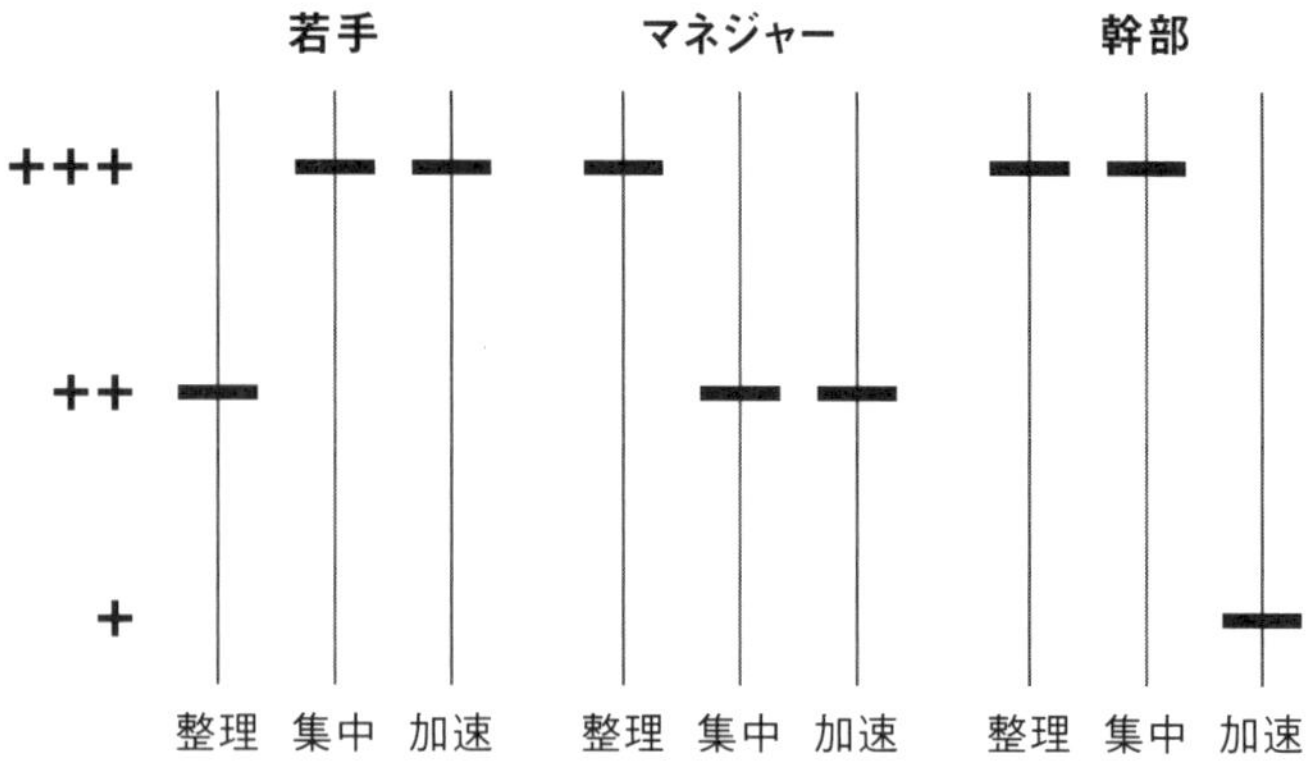

業員の優先事項は「仕事の生産量」なので、「集中」と「加速」を学ぶことが主な関心事になるだろう。

マネジャーにとっては、従業員の勤務時間を「整理」する役割が大切になってくる。

一方で、幹部レベルになると、時間を効率的に「整理」すると同時に、ビジネスを長期的に見通す戦略を立てるために「集中」する能力を発揮しなければならない。

職場での役割がなんであれ、3つのスキルを改善するのは早いに越したことはない（いつ始めても遅すぎることはない！）。

最後にもう1つ。第1章（「整理」）で紹介したテクニックは、すでに広く認知されて使われているものが多い。これらを支持する起業家が多いことが、効果がある証拠だ。

有名なものも多いため、ここに書いた以上の説明は必要ないかもしれないが、もう少し掘り下げたいという場合に備えて、著者名と出典を記載しておいた。

楽しく読んでもらえることを願っている。

「人生のなかの1か月」の図について、自分の出生に合わせたカスタマイズ仕様のものをご希望の方は、件名にyyyy（生年）-mm（月）-dd（日）をご記入の上、mylife@extrahourbook.comまでメールを送ってほしい。［送ってみたところ、実際にすぐに返事が来た！］

超速
Contents

プロローグ──世界中のメガ成功者に「時間術」を聞きまくった

第1章

整理

「超・生産的な人」の頭の中

第2章

集中

シャットアウトで「完全集中」する

第3章

加速

「FAST」でブーストする

Column

※本文中の［　］は訳注を表しています。
※本書は情報提供を目的としております。情報の利用によって万一損害を被ったとしても出版社および著者は責任を負いかねます。アプリやソフト等の利用にあたっての最終的なご判断はご自身でお願いいたします。

第 1 章

整理

「超・生産的な人」の頭の中

農業革命から産業革命までにかかった年月が８０００年。
最初の産業革命から電球の発明までが１２０年。
電球の発明から人類初の月面着陸までが90年。
月に行ってからインターネットの発明までが22年。
インターネットの発明からＤＮＡシークエンス解析までが９年だ。

言い方を換えると、テクノロジーがこれほどのスピードで進化したことは今までなかった。これを言い表す用語がある。進化を研究する科学者レイ・カーツワイルが名づけた**「収穫加速の法則」**だ。既存の技術を下敷きにして新しい技術が構築されるために、進歩が飛躍的に進むというのが、カーツワイルの法則である。

１６４２年にブレーズ・パスカルが発明した機械式計算機で計算するよりも、高性能の最新コンピュータを使ってＤＮＡ解析を行うほうが、はるかに簡単だ。

話はこれで終わらない。テクノロジーは、かつてない速さで世界に広まっている。世界の80％に電話回線が普及するのに80年かかったが、携帯電話では30年、スマートフォンはたったの10年だ。

変化のスピードは、さらに加速するはずだ。とりわけ、ＮＢＩＣテクノロジー（ナノテクノロジー、バイオテクノロジー、情報テクノロジー、認知科学）の存在が大きいだろう。

「超・即時」の人が勝つ

この流れの中で、現代のビジネスは、突然のすさまじい状況変化に備えなければならない。それが起きるのが今なのか将来なのかにかかわらず、最終的にすべての業界で何らかの混乱が発生する可能性があるからだ。

最近では、音楽業界のストリーミングサービス、小売業界のアマゾン、ホテル業界のAirbnb（エアビーアンドビー）がそうだった。それほど遠くない将来、自動化が自動車産業に大きな変化をもたらし、ナノテクノロジーが健康に革命をもたらし、デジタル化が銀行と保険業界を変革するだろう。

２０１８年に世界市場価値が最も高かった上位10社のうち7社――アップル、アルファベット、マイクロソフト、アマゾン、フェイスブック、アリババ、テンセント――は、**ひと世代前にはまったく無名だった**のだ。

常に優先順位が変わり続ける世界の中で、企業は、**視点を「長期」から「即時」にシフ**

トすることを余儀なくされている。10年計画の戦略が、1年さらには四半期の問題に道を譲っているのだ。

従業員もまた、絶えず変化する会社の優先順位に適応しなければならない。競合他社より先に製品を開発する競争であれ、業務の変化に対応して既存のテクノロジーを更新する作業であれ、ブロックチェーン技術や機械学習の利用であれ、私たち一人ひとりが、増え続ける一連のタスクとプロジェクトに直面することになるのだ。

この激しい変化の中で、あなたが持っている最も重要なリソースは「時間」である。だから時間管理が非常に重要であり、自分に合ったシステムを構築し、生産性を高めるべきなのだ。この章が、そのために役立つだろう。

誠意を持って「NO」を言う

■人は、つい「はい」を言ってしまう

生産性の定義は「多くのことを行うこと」ではない。**生産性とは、優先順位を戦略的に選択して、目的に最も適した内容にだけ応じることだ。**

整理

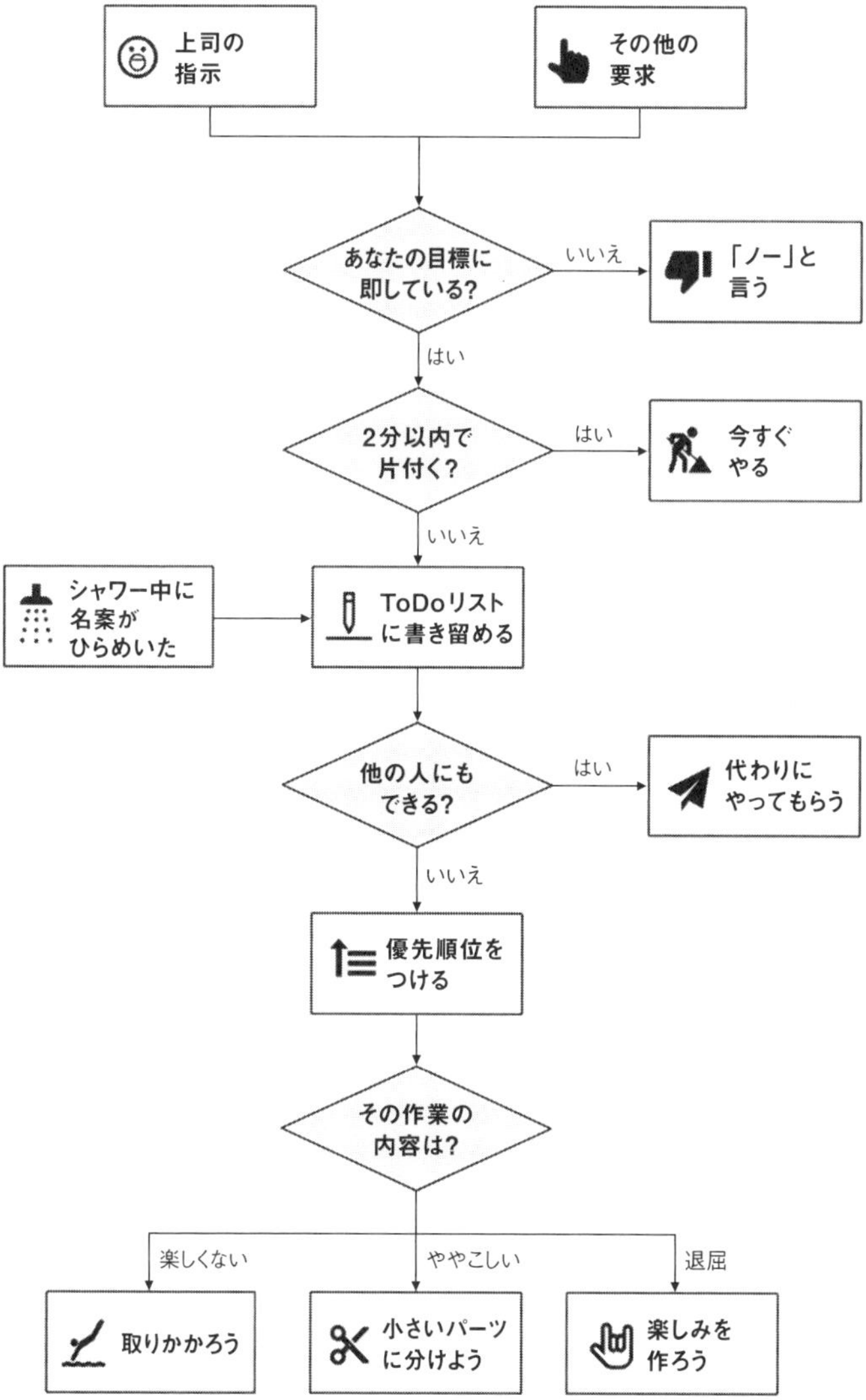
上司の
指示
その他の
要求
あなたの目標に
即している?
いいえ
「ノー」と
言う
はい
2分以内で
片付く?
はい
今すぐ
やる
いいえ
シャワー中に
名案が
ひらめいた
ToDoリスト
に書き留める
他の人にも
できる?
はい
代わりに
やってもらう
いいえ
優先順位を
つける
その作業の
内容は?
楽しくない
ややこしい
退屈
取りかかろう
小さいパーツ
に分けよう
楽しみを
作ろう

どんな職種であっても、日々の生活には、単純作業やメールや会議や上司からの要求といったやるべきことが、無制限に入ってくる。

たとえばメールアカウントは、いつでも誰もが追加できる「巨大なＴｏＤｏリスト」だ。**あなたの受信ボックスに、あらゆる人が好きな時間に次々に用事を投げ込んでいく。**

依頼されたすべてに「はい」と答えていれば、１日が始まる前から予定がいっぱいになってしまう。

はい、その新しい提携先について調査します。

はい、その打ち合わせに同行します。

はい、その会議に出席します。

はい、あなたのお友達の面談を行います。

多くの人が誰にでも「イエス」と言いがちなのには、次の２つの理由がある。

■「イエスマン」になる理由①「時間をかける＝良」と考える

１つ目は、**自分が目指すところが明確に定まっていないこと。**

はっきりした目標がなければ、自分の時間に課せられる無数の要求に対して受け身になり、隙ができてしまう。また、**オフィスで過ごす時間量が唯一の指標になるため、必要以上に作業に時間をかけてしまう可能性がある。**

自分の予定を自分でコントロールする権利を取り戻すためには、先まわりをして目標を明確に定義することが必要だ。「今日（または今四半期）のために、私はどんな目標に取り組んでいるか？」という問いに、常に正確な答えを準備しておこう。そうすることで、要求されたことを「受け入れるか拒否するか」の基準ができる。

私たちが話を聞いた起業家は、ほぼ全員が、長期と短期の目標を正確に定義できていた。

■「イエスマン」になる理由②「NO＝悪」と考える

「イエス」を言いすぎてしまう2つ目の理由は、**相手をがっかりさせることを恐れているからだ。**

この思考回路はやめるべきだ。疑念があるのに同意することは、敬意の表れではなく、むしろその逆にあたる。また、自分の意思や判断に反した行いは、意欲を下げ、失望する結果に終わる可能性が高い。**丁寧に断って、その理由をきちんと説明しよう。**

頼みごとをした人は、長い目で見れば、そのほうがあなたに敬意を感じるはずだ。

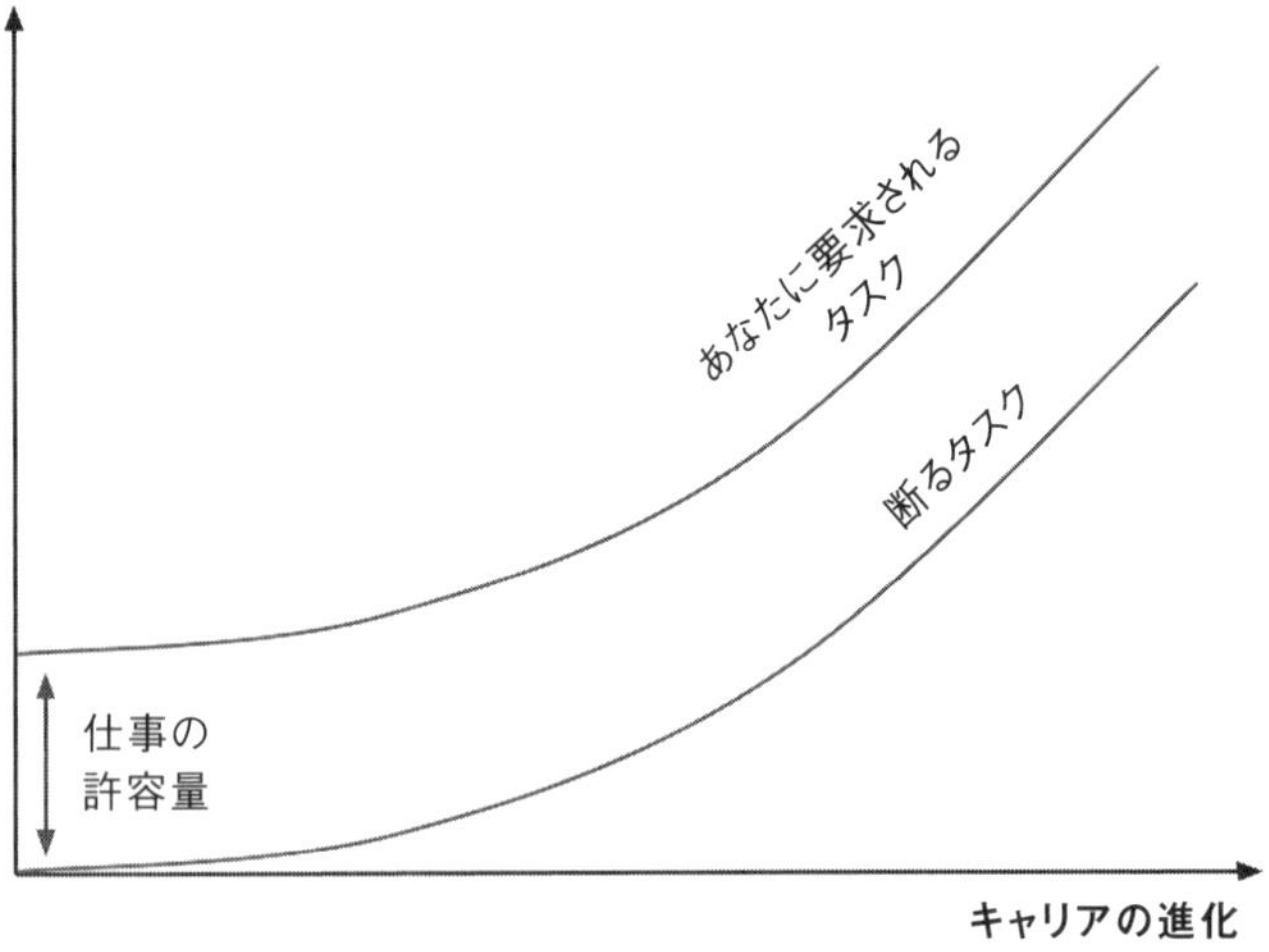

キャリアアップして、課せられる要求が高まるにつれて、「ノー」と言う能力がますます重要になる。**新しい業務を引き受ける能力はほとんど変わらない一方で、リクエストを拒否せざるを得ない回数が増える**からだ。

例を挙げると、私たちが取材をした、ある非常に成功した新興企業の創設者は、20のリクエストのうち19を断るそうだ。

何かに同意する前には、長所と短所を比較・検討することが絶対に必要だ。**「イエス」を一度言うたびに、「ノー」を数回言う準備をしておこう。**

Column

カラーバス効果——「目標」を念頭に置く

＊本文中の灰色のコラムでは、深掘りする価値があるテーマと役立つと思われるツールを紹介している。

目標を明確に持つことは、同僚とのおしゃべりや顧客との打ち合わせ、記事を読んでいるときなどに、不意に現れる有益な情報に気づくのにも役に立つ。

私たちは気づかないうちに、自分の意識をどの部分にどのように向けるかを、厳しく選択している。頭に浮かんでいることが、突然あちこちに現れるという経験をしたことがないだろうか。あるいは、新しい用語を覚えたとたんに、誰もがそれを使っているように感じたことは？　新しい家を買うと決めたとたんに、世界が不動産業者だらけに見えたことは？

これは、行動心理学者が「カラーバス効果」と呼ぶ現象だ。合図はすでに存在していたのに、目の前の課題に集中できるように、脳が除外していたのである。**目標を意識することで、自分にとって有益な情報やチャンスを探す準備ができる**というわけだ。

■「理由」があれば人は納得する

覚えておいてほしいのは、**「ノー」と言って理由を説明するほうが、自分にできないことに「イエス」と言うよりも、常に良い結果が得られる**ということだ。また、1分を使って頼みを断るほうが、1時間を実りのない作業のために無駄にするよりもいい。

ある起業家から教えてもらった、ランチの誘いを優雅に断る会話例を紹介しよう。

「マーチンさん、こんにちは。ご連絡をありがとうございます。ぜひともランチをご一緒したいのですが、最近、自分に使う時間をつくるために、時間内に集中して仕事をしております。何かご質問がありましたら、ぜひ内容をメールでお送りください。喜んで回答させていただきます」

メールの前半で、断りが友好的であり、個人的な理由ではないことを説明している（いつか個人的に会う可能性を残す）。後半で、「ノー」が最終決定であることを伝えている。

大切なのは、**言い訳をして返事をあいまいにしない**こと。また、型どおりの文面にせず、相手に合わせて文章を作ったほうが喜ばれる。

礼儀正しく断るよりも、準備ができていないことを引き受けるほうが、失うものが多いことを覚えておこう。

この方法は、上司に時間の無駄遣いのような作業を頼まれたときにも使える。恐れずに「ノー」を言おう。

理由を明確かつ丁寧に説明し、予想できる反論に備えておく。良い上司は、あなたが首尾よく主張を通したことに敬意を払うだろうし、もちろんそこから利益を得るだろう。有能なマネジャーは、職場内での議論を歓迎し、納得のいく説明ができる部下をサポートするだろう。

最悪の筋書きとして、上司があなたを説得して従わせるということも考えられる。そんなときは、気持ちを切り替えてやる気を高める方法を考えよう。

Column

会議の代わりに「3分の話し合い」を

私たちが話を聞いた中で、最も役立つアドバイスの1つが、「**会議の2割以上を断れない人は、時間管理がうまくできていない**」というものだ。

ほとんどの従業員にとって、会議に費やす時間は、多大なイライラの原因だ。しかし、きわめてシンプルな解決策がある。「断る」ことだ。

会議に出席の返事をする前に、こう自問してみよう。

「私が病気になったら、この会議は延期になるだろうか？」

答えが「いいえ」なら、あなたの出席が十分な影響力を持つ可能性は低く、あなたとほかの人の時間が無駄になるだろう。だったら、議題に貢献できないことを丁寧に説明し、議事録のコピーを希望して、誘いを辞退しよう。自由な時間を手に入れることができる。

ある一流の起業家のお勧めは、会議を断るときに、代わりに**「3分間の1対1の話し合い」**を提案することだ。それで95%はうまくいくという。

「ToDoリスト」にすぐ書く

20世紀に活躍した旧ソビエト連邦の心理学者ブリューマ・ツァイガルニクは、ある昼下がり、にぎわったウィーンのカフェのテラス席に座っているときに、奇妙な発見をした。

忙しく動き回るウェイターたちは、入った注文についてはしっかりと把握しているのに、客に出したものについては、即座に忘れている様子だったのだ。

彼女は、活動中のタスクのほうが完了したタスクよりもよく覚えているという仮説を立て、この理論の実証実験を行った。

ブリューマは、子どものグループに、パズルや粘土細工など20種類の短時間の活動を完了するように指示を出した。そして1日の終わりに、それぞれの活動を思い出してもらったところ、**子どもたちは、完全に終わらなかったタスクのほうを、完了したタスクの2倍も記憶していた。**

これは現在「**ツァイガルニク効果**」と呼ばれているもので、要するに、完了していないタスクは完了したタスクよりも強く記憶に残るということだ。


あなたも日常生活の中で、頭の中のごちゃついたToDoリストが、心を曇らせ、集中を妨げた経験があるはずだ。

自分の脳を、コンピュータのハードドライブだと考えてみよう。同時にたくさんのことを行うと、過熱して速度が低下してしまう。あなたの心を重くする「黒い雲」に思考を邪魔されないようにすることは非常に重要だ。

最善の解決策は、**あらゆることを、外付けのハードドライブ、つまりＴｏＤｏリストに保存すること**だ。ＴｏＤｏリストの大切さはわかっていても、95％の人は最大限に活用できていない。しつこいぐらいこまめに使うのが正解なのだ。

何かに出席する、何かをやる、と返事をしたら、**瞬時に書き留めよう**。良いアイデアが浮かんだときも同様だ。ひらめいたら、どこにいても、すぐに書き留める。**パソコンでも、スマートフォンでも、付箋でも、メモ帳でもいいから、とにかく手を動かす**のだ。

■「何を、どうする」のか書く

ＴｏＤｏリストにその都度記録することで、心のメモリが解放される。夜中に目を覚まして、人事部長に返事をしなければと焦るなんてことは、誰だってしたくない。ＴｏＤｏリストは、買い物リストと同じように扱おう。すべてを一度に思い出そうとするのではなく、**必要なものを思いつくたびにリストに書き加えていく**のだ。

やることを書き出すと、実行する確率も上がる。

書き留めるというプロセスによって、直接的に関わろうというやる気がわき、完了させるための道筋が見えてくるからだ。

ある実験で、似通った人たちを2つのグループに分け、最初のグループには自分の目標について頭で考えるように依頼し、2番目のグループには目標を書き留めるように依頼した。すると**2番目のグループのほうが、最初のグループよりも平均40％も多く目標を達成したという結果**になったのだ。

コツは、終わらせたいタスクについて、できるだけ正確に書き表すこと。当たり前に思えるかもしれないが、書き留めた内容の要点がぼやけてしまうと、意味がつかめなくなるからだ。

書き留めるときの書式は、**「必要な情報＋行動を示す動詞」**がお勧めだ。たとえば、「Aさんからグラフィックレイアウトを（情報）受け取る（動詞）」「絵文字ゲームの技術仕様を（情報）作成する（動詞）」「生産性に関する本のタイトル10案を（情報）書き出す（動詞）」といった具合だ。

また、結果を主体にした表現をしてもいいだろう。たとえば「壊れた窓を修繕する」ではなく「窓が修繕された」と書くのだ。**結果に焦点を当てると、やる気につながる。**窓を修繕するという行為よりも、窓が修繕された状態のほうが、イメージとして嬉しいからだ。

どちらの方法もお勧めだ。大切なのは、自分に適したやり方を見つけたら、使い続けることだ。

■メモは「1つ」を使い通す

何から始めていいかわからない人のために、ＴｏＤｏリストによく使われるツールを以下に紹介する。

・1枚の紙。当たり前のことだが、問題なく機能する——なくさない限りは。
・ＭａｃやＷｉｎｄｏｗｓ、スマートフォンに付属している、テキストエディットやメモ帳などのベーシックなメモ作成ツール。アナログ世界の紙からのステップアップだ。
・さらに進んだメモ作成アプリ。話を聞いた起業家の何人かは、「Google Keep」「Notion」「Any.do」「Trello」「Todoist」「Remember The Milk」を使っていた。こういったアプリの主な利点は、異なるプラットフォーム間でメモを簡単に同期し、必要なものを素早く検索し、ドキュメントを簡単に共有し、カテゴリでフィルタリングができることだ。
・Siri（シリ）やGoogle ボイスなどの音声起動検索エンジンは、両手がふさがっているときに便利だ。バスケットボールをしているときに、重要な電話を突然思い出したら、「Siri、オフィスに戻ったら○○に電話をかけるように通知して」と大声で言うと、それが実行される（ちなみに、SiriとGoogleボイスのどちらでも、位置情報に基づくリマインダーを作成できる）。

好みのツールを1つ選んだら、それを使い続けてみよう。完璧なアプリを探すために何時間も費やさなくてもいい。大切なのは、上手に活用することだ。

「2分」でできるならすぐにやる

ベストセラーになった『Getting Things Done』（『全面改訂版　はじめてのGTD　ストレスフリーの整理術』、二見書房）の作者デビッド・アレンは、「2分のルール」というシンプルかつ強力な戦略を思いついた。

本書のためのリサーチ中にこれを挙げた起業家が多かったので、紹介しておく価値が大いにあるだろう。

仕組みはきわめて簡単。**ToDoリストに2分以内に完了できるタスクがあれば「即実行する」、以上**だ。2分以内のタスクを即実行することで、リストを読み直したり、スケジュールのどこに差し込むかを考えたりする時間が節約できるというわけだ。

実際にやってみると、日常業務の多くが2分以内に完了できることに驚かされる。そういったタスクを即座に片づけることで、リスト内の数を劇的に減らすことができ、リストが延々と続くことの心理的な負担から逃れることができる。

堂々と「パス」する

「きちんと仕上げたいので、自分でやろう」
「これは自分でやったほうが早く終わるだろう」
「ごく簡単な作業なので、自分がやることで手本を示そう」

そう考えたことがあるだろうか？　だったら、あなたはもっと人に任せてもいいのかもしれない。

世界中でたったひとりにしかできない作業などない。トレーニングに十分な時間とエネルギーを費やせば、いつでもほかの人にタスクを委任できるのだ。

ＴｏＤｏリストを見直すたびに、最初に自問すべきことは「このうちのどれを人に任せようか？」である。

人に仕事をふることは、たとえばメールを転送するような簡単な作業では終わらない。最初のうちは、他人に自分の仕事をさせると、自分でやる場合よりも時間がかかる。**トレーニングに時間を費やす必要がある**からだ。

短期的には時間を失うことになるが、後で取り戻すために（さらには増やすために）「時間を投資している」と考えよう。必ず利益は出るので、安心してほしい。

取材の中で、私たちが数えきれないほど聞かされたのが、「**生産性を向上させる本当の秘訣は、自分の行動ではなく、他人を導く方法にある**」という言葉である。あなたがマネジャーなら、オフィスに足を踏み入れるときに最初に考えるべきは、自分個人のＴｏＤｏリストではなく、チームのＴｏＤｏリストなのだ。

１日のはじめに従業員をすばやく動かすことができれば、それだけ早く目標を達成できるというわけだ。

■「情報」と「感謝」を伝え、あとは任せる

本書の目的は、マネジメントの方法を教示することではないが、ここでは人に任せるときの主なルールをお伝えする。基本的な例を見てみよう。

たとえば、インターンに、顧客とランチをするためのレストランの予約を頼みたい場合。

①業務の「目的」を伝える。あなたと会社にとって、契約の見込みが重要であることを説明する。

②関連するすべての情報と、できるだけ多くの「状況説明」を与える。顧客のオフィスの住所と、好みそうなレストランについて伝える。

③明確な「期限」を伝える。先方にも段取りがあるので、遅くともランチの前日には場所を伝える必要があることを説明する。

④インターンを「トレーニング」する。適切なレストランを見つけるのに役立つウェブサイトのリストを与える。この時点で時間を投資しておけば、次回は必要なくなる。

⑤「感謝」を伝える。直接話しかけても、メモを渡してもいい。重要なのは、努力を認めることだ（数秒でできる）。良い仕事ができなかった場合は、次回はもっとうまくやれるように、フィードバックを与える。

⑥最後に、業務を任せるときには、「最終結果」だけを見ることを覚えておこう。そこに行きつくまでの過程は、あなたが心配することではない（言い換えれば、**細かく管理してはいけない**）。託した相手に確信が持てないなら、定期的にチェックを行い、予定外の作業が行われないように見守ろう。

「フリーランス」にやってもらう

同僚以外に、独立した労働者、つまり「フリーランサー」に業務を委託することも考えられる。

フリーランサーは、起業家にとって素晴らしいリソースだ。起業家は自分の専門外の多くのことに対処する必要があるからだ。たとえば次のようなことに。

・ブランドシンボルとロゴデザインの作成
・ウェブサイトの構築
・ウェブサイトに顧客を誘導するコンテンツの執筆
・適切な顧客グループのターゲティング

何か月もかけてPhotoshop（フォトショップ）やWordPress（ワードプレス）の使い方を勉強するのはやめて、プロに仕事をやってもらおう！

・ブランドシンボルとロゴデザインの作成→フリーランスのグラフィックデザイナー
・ウェブサイトの構築→フリーランスのウェブデザイナー
・ウェブサイトに顧客を誘導するコンテンツの執筆→フリーランスのコピーライター
・適切な顧客グループのターゲティング→フリーランスのリードジェネレーションスペシャリスト

適切なフリーランサーを見つけるのは、あなたが思っているよりも簡単だ。有能なフリーランサーは、本書の執筆時点で1000万人を超えるメンバーを有する「Upwork」などのプラットフォームを介してたくさん見つかるだろう。

価格をおさえたい場合は、「Fiverr」のようなサイトを経由することだ。わずかなコストで（5ドルからという価格設定）、ロゴをデザインしたり、ウェブサイトを作成したりする世界中のフリーランサーにアクセスすることができる。この価格では、基本的なテンプレートをはるかに上回るものは見込めないかもしれないが、場合によっては、それで十分ということもあるだろう。

「優先順位」を正しくつける

時間の優先順位をつけるのに費やす1分は、10分の作業時間に相当する。タスクに優先順位をつけることは、最も生産的な活動の1つだ。

■「大きいもの」から始める

想像してみよう。目の前に空っぽの大きなビンがあり、その横に、岩と、小石と、砂が積んである。あなたの仕事は、それらをできるだけ多くビンの中におさめることだ。

さて、あなたはどの順序で入れるだろう?

小さいものから手をつけると――つまり最初に砂を入れ、次に小石を入れると――岩が入るスペースがなくなってしまう。反対に、最初に岩を入れると、すき間に小石がおさまり、残りのスペースを砂が埋めてくれる。

スティーブン・R・コヴィーは、ベストセラーの著書『7つの習慣』で、この比喩を使って、多くの人がやりがちな日々の仕事の進め方について説明している。

ビンはあなたの1日であり、岩と小石と砂は、成し遂げるべき仕事である。岩は最も重要なタスク、小石は次に優先すべきタスク、砂の粒はそれほど価値のないこまごましたタスクだ。コヴィーは、1日の最初に小さなタスクに集中すると、大きなタスクを処理する十分なスペースが残らなくなると説明している。

だから、**どんな日でも最優先にすべきなのは、「どれが大きな岩なのか」を把握し、そこから手をつけることだ**。

これは、「3のルール」として知られているもので、[7] 私たちが話を聞いた起業家が最も多く引用したアイデアである。毎朝、仕事を始める前に、緊急性は脇によけて、**その日の終わりまでに完了したい最重要タスクを3つ特定することに意識を集中し、時間を確保するのだ**。

しかし、なぜ3つのタスクなのだろう？　2つや4つではないのはなぜ？

3は任意の数のように思えるし、これが機能する理由を説明するのは難しいが、やってみると確かにうまくいくのがわかる。このルールを活用している成功者が大勢いるのが、

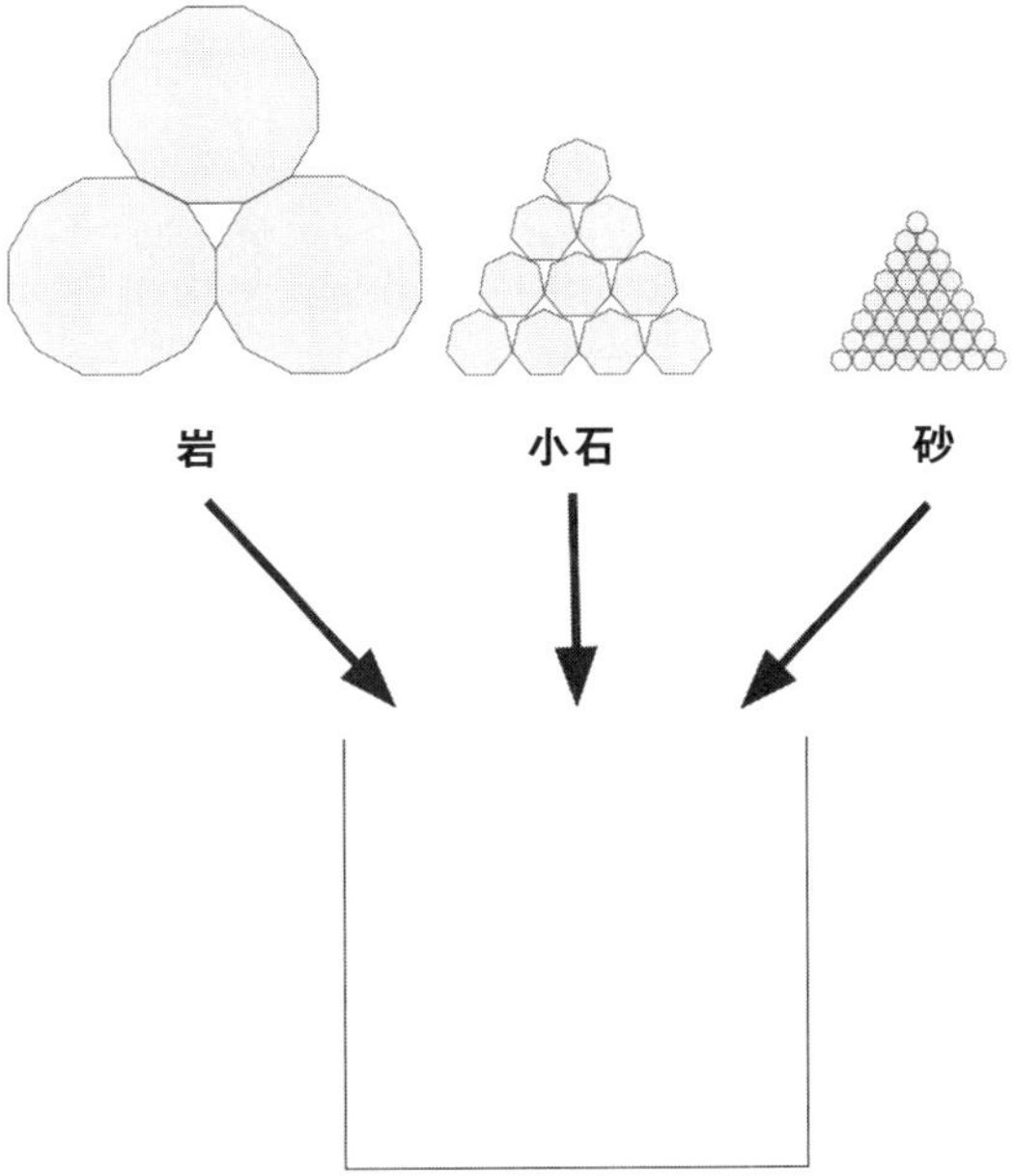
岩
小石
砂

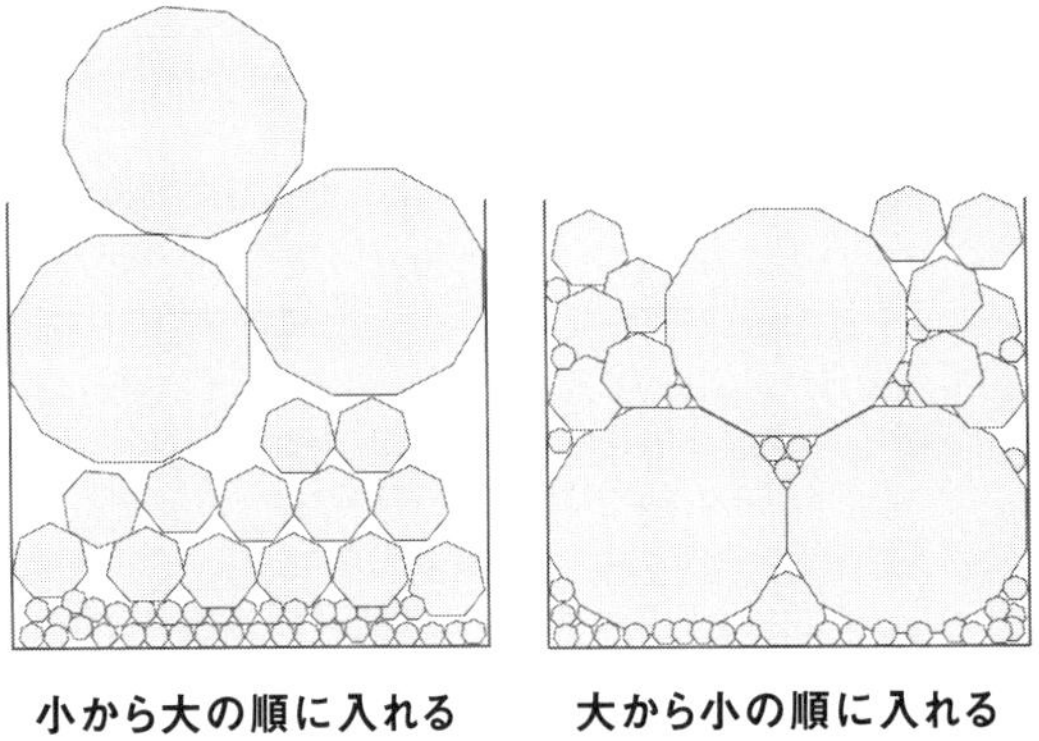
小から大の順に入れる
大から小の順に入れる

3がバランスの良い数だという証拠なのだろう。

毎朝、「今日、私が絶対にやらなければならない3つのことは何か」と自問しよう。または、「今日の仕事に満足するために達成すべき3つのことは何か？」と言い換えてもいい。

▼「カエル」から手をつける

これに連動する別のアドバイスがある。それは、**「常に最も難しいタスクから手をつける」**というものだ。

朝一番はエネルギーが最も高くなりやすいことを利用して、**最初に最難関の仕事を片づけるのだ。**メールの整理やニュースレターの閲覧から1日を始めると、難しいことが先延ばしになり1日の後半に埋め合わせをするはめになる。最初に重要なタスクを完了できれば、その日の残りはうまくいくのだ。

マーク・トウェインはこう言っている。**「朝一番に生きたままのカエルを食べてしまえば、そのあとは、それ以上悪いことは起きないだろう」**

私たちも同じ意見だ。

■「タイムボックス」に入れていく

3つの重要なタスクを特定したら、「**タイムボックス**」に振り分けよう。実行するのに必要な時間を確保するのだ。

「**自分とのミーティング**」**を予定するようなもの**だと考えよう。スケジュール内のスペースを物理的にブロックすることで、会議などに時間を奪われることを防ぎ、集中して作業を実行する時間枠を確保するのである。

「3のルール」に従うと、毎日2つか3つのタイムボックスの枠が埋まり、自動的に会議の時間枠が少なくなる。1日がタイムボックスと価値のある会議のみで構成されるため、1日中エネルギーに満ちた状態で過ごすことができる。

大量の会議によってスケジュールが滞るのがとくに不安な場合は、内容が定かではなくても、先にタイムボックスを確保しておくことをお勧めする。私たちが話を聞いた起業家には、これを「**作業時間**」または「**予定を入れない時間**」と名づけている人もいた。

ほとんどの起業家は1~2時間の枠を確保することを提案していたが、時間の長さは自由に調整してOKだ。

「**ポモドーロ・テクニック**」を試してみてもいいだろう。これは、人間の脳の集中力が最も高まる時間が25分であることを発見したイタリア人の研究者フランチェスコ・シリロが発明したテクニックで、作業時間を25分に区切り、5分間の休憩を入れることを提案するものだ。

シリロが使っていたトマト（イタリア語でポモドーロ）の形をしたキッチンタイマーにちなんでこう名づけたそうだ。

作業時間をもっと長めに設定してもいい。ちなみに、この本を書くときは、まとめて2時間作業をして、10分間の休憩を入れた（これが私たちにはかなりうまくいった）。

▼いいスケジュール・悪いスケジュール

重要なのは、タイムボックスの時間の長さにかかわらず、**自分の作業を中心にスケジュールを組む**ことだ。

スケジュールを、相手が顧客であれ同僚であれ、会議ばかりで満たす人があまりにも多いが、これは残念なことだ。自分でスケジュールを決めなければ、ほかの誰かに決められてしまう。

自分に合った方法で1日の計画を立てることで、重要なタスクに取り組めるようになり、同僚やメール、ニュースレターに時間を奪われるのを防ぐことができる。カレンダーを活用してスケジュールを立て、重要なタスクの時間を確保しておこう。

次のページに、2種類のスケジュール表がある。あなたのスケジュール表は、どちらに近いだろう？

【機能するスケジュール表】
タイムボックスに振り分けた3つのタスク（「大きな岩#1〜3」）、短い会議が3つ、1日のうちに間隔を空けて3つ設けられたメール用の時間枠、しっかり休憩できるランチタイム。

【まずいスケジュール表】
タイムボックスなし、会議が多すぎる、不必要にプレッシャーを与える期限リマインダー（仕事を片づけるタイムボックスをきちんと確保していれば、期限を書き留める必要はない）、自分の机で急いで食べる悲しいランチタイム。

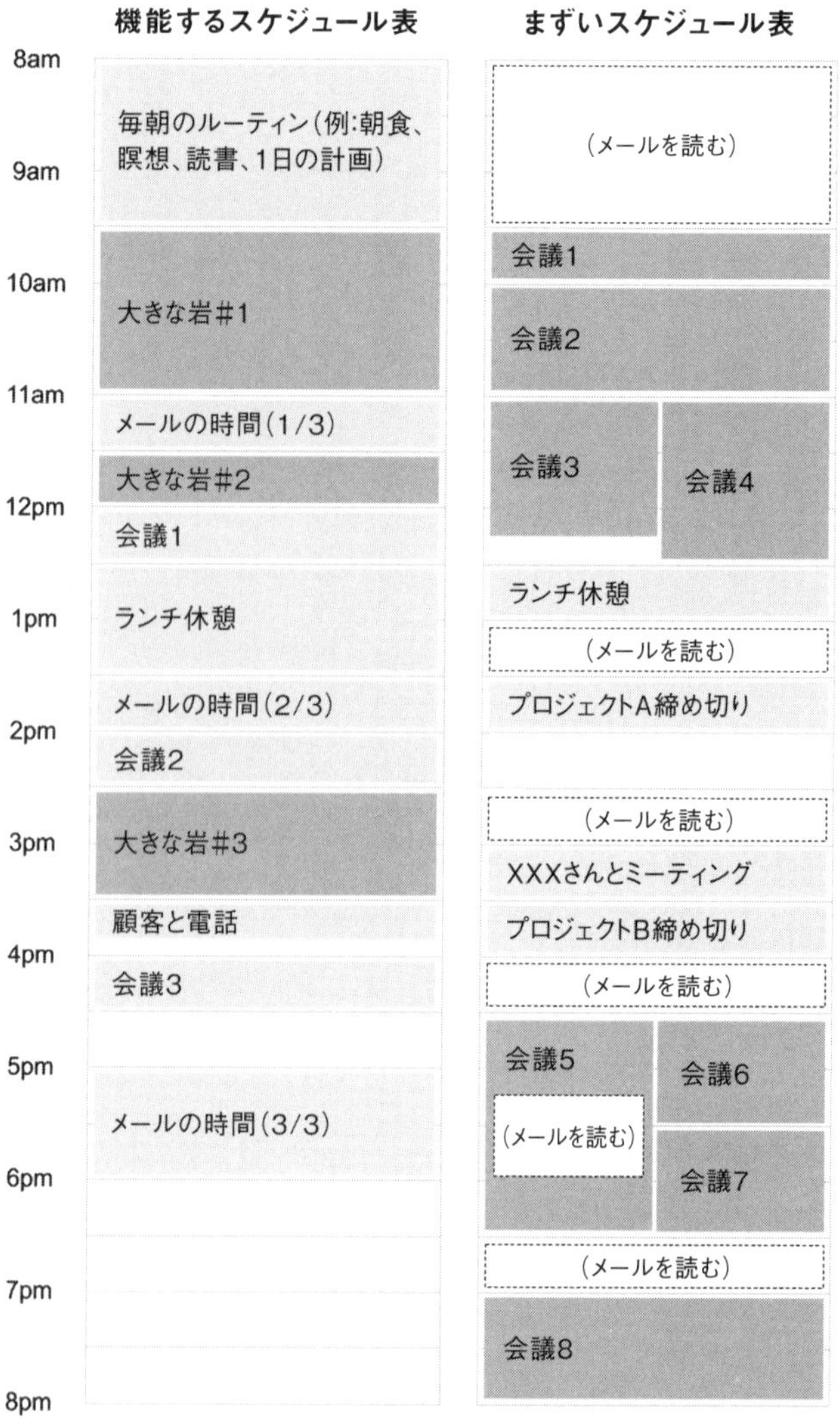
機能するスケジュール表
まずいスケジュール表
8am
9am
10am
11am
12pm
1pm
2pm
3pm
4pm
5pm
6pm
7pm
8pm
毎朝のルーティン（例:朝食、瞑想、読書、1日の計画）
大きな岩#1
メールの時間（1/3）
大きな岩#2
会議1
ランチ休憩
メールの時間（2/3）
会議2
大きな岩#3
顧客と電話
会議3
メールの時間（3/3）
（メールを読む）
会議1
会議2
会議3
会議4
ランチ休憩
（メールを読む）
プロジェクトA締め切り
（メールを読む）
XXXさんとミーティング
プロジェクトB締め切り
（メールを読む）
会議5
（メールを読む）
会議6
会議7
（メールを読む）
会議8

■「オフライン」は絶好のチャンス

オフラインモードで過ごす時間（飛行機に乗っているときなど）は、最も重要なタスクを前に進める絶好の機会だ。

多くの起業家は、**メールやテキストメッセージ、そのほかの気が散る要因から切り離されるこの時間を利用して、最も集中力の必要なタスクに取り組む**と話してくれた。

Googleドキュメントかスライドを使ってレポートやプレゼンテーションを作成したいときは、移動する前に、Googleドライブの設定メニューでオフラインアクセスをオンにしておこう。5秒もあればできる。また、大量のメールを書く必要がある場合は、Gmailの設定でオフラインモードを有効にしておこう。

■ダブル・タスク――人に動いてもらっている間に自分が動く

「パッシブ（消極的）なタスク」とは、やる必要がないタスクではなく、1つのアクションを実行するだけで流れ続けるタスクのこと。

たとえば以下のようなものだ。

・人に任せることに関連したタスク。プレゼンテーションに関する同僚への説明や、プレゼンテーションに必要な資料の配布など。

・「最初のステップ」のタスク。管理サービスに承認を要求する、大きなファイルをダウンロードする、オーブンのスイッチをオンにするなど。

アクティブ（積極的）なタスクかパッシブなタスクのどちらを選ぶかという局面では、先にパッシブなタスクに取りかかろう。いったん動きはじめれば、パッシブなタスクの進行中にアクティブなタスクを並列処理できるからだ。

たとえば、グラフィックデザイナーに概要を説明する（パッシブなタスク）か、プレゼンテーションの準備を進める（アクティブなタスク）かの選択の場合は、先にグラフィックデザイナーに概要を説明しよう。そうすれば、グラフィックデザイナーがプロジェクトに取りかかるのと同時進行で、あなたはプレゼンテーションの準備を進めることができる。

では、求人広告を投稿する（パッシブなタスク）のと、詳細なレポートを作成する（アクティブなタスク）のはどちらが先か？　先に求人広告を片づけよう。興味を持った人が応募を始めている間に、あなたはレポートを書くことができる。

アシスタントが作ったカルボナーラ：調理時間34分

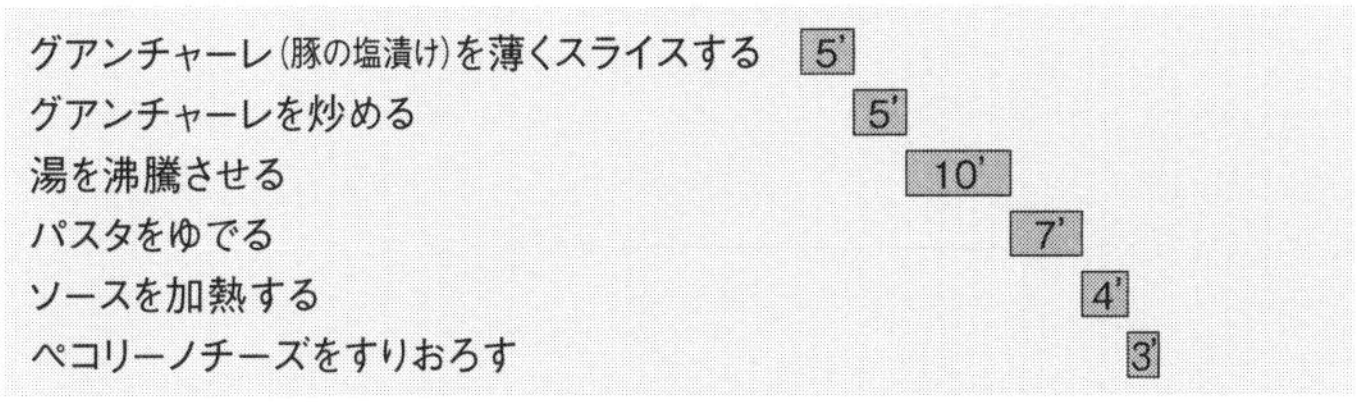

料理長が作ったカルボナーラ：調理時間17分

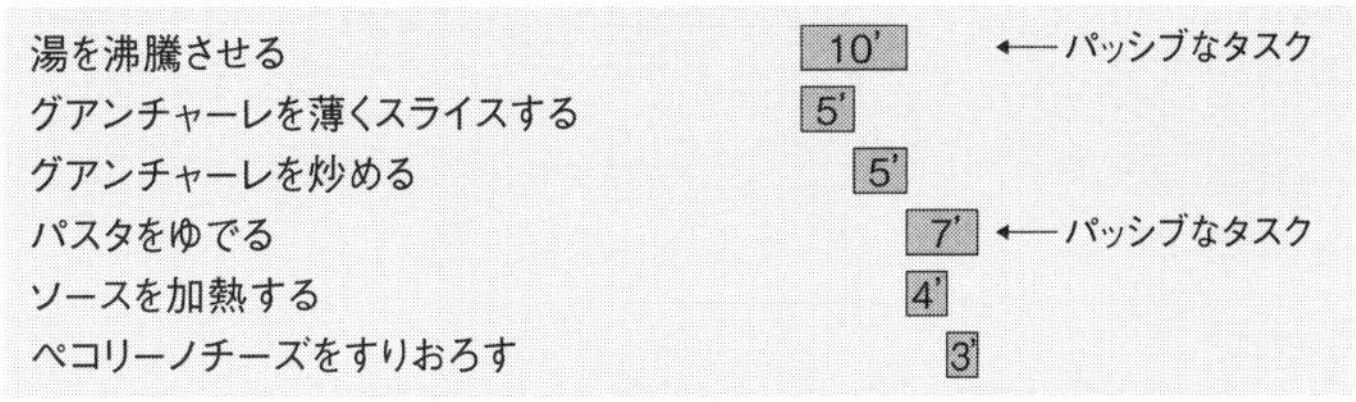

キッチンの作業にも同じことがいえる。パッシブなタスクから手をつけずに、レシピの順番どおりに作業すると、上の図のように、仕上がるまでに2倍の時間がかかってしまう。

これなら簡単、と思うだろうか？　実はそうでもない。

1日の業務に直面すると、手当たり次第に取りかかりたい欲求にかられるものだ。多くの人は、タスクが飛び込んできた瞬間に、次々に取りかかろうとしてしまう。そうではなく、きちんと時間をかけて、やるべき業務の中からパッシブなタスクを特定し、それらが先に流れていくようにしておこう。

裏で作業が進んでいる間に、あなたは重要

なタスクに集中することができる。

「先延ばし」しない術

生産性へと続く道に仕掛けられた最後の大きなハードルが、「先延ばし」である。

人は誰でも、困難な作業を先延ばしにする傾向がある。

たとえば、同僚に建設的なフィードバックを与える必要があるとき。重要なプレゼンテーションの準備をしなければならないとき。顧客にミスがあったと報告する電話をかけなければならないとき。

そんなとき、多くの人は、「同じぐらい大切な用事がほかにもあるから、先にそっちを片づけなければ」と自分に言い聞かせて問題を回避する。

そして、メールに返信したり、机を整理したり、フェイスブックで友達が何をしているのかを確認したりするのだ。

人は、困難な状況に直面すると、脳が防御メカニズムを作動させて、その状況に抵抗

し、**ストレスの少ないほかのことを見つけようとする。**この反射は何十万年にもわたって構築されてきたもので、生存本能の一部だ。サーベルタイガーに食われないようにしたり、甘い果物を食べようとしたりするのと本質的に同じだ。

この現象は、困難な状況を回避して、代わりに楽しい状況を探すという人間の傾向を研究したフランスの神経科医の名前にちなみ「ラボリの法則」と呼ばれている。

甘いフルーツジュースを飲んだり、ピスタチオ味のアイスクリームを食べたり、インスタグラムの写真で「いいね」を受け取ったりと、楽しいことを経験すると、脳は、喜びを生み出す化学物質ドーパミンを出すことで、私たちに報酬を与える。

脳は、ご褒美のホルモンを多く手に入れるために、時間がかかるものよりもすぐに満足感を与えてくれる行動を優先しようとするのだ。

■「失うもの」がこんなにある

先延ばしは、長い目で見ると生活を害する可能性がある。というのも、最も重要なタスク（やりがいがあり、公私の成長において最も利益をもたらすタスク）は、決まって最も困難だからである。

また、先延ばしが隠れた損失を生み、「ペナルティ」を招く場合もある。

・「金銭」のペナルティ：フライトの予約を先延ばしにすればするほど、チケットの価格が高くなる。支払いが遅延すると、追加料金を支払うはめになる。

・「品質」のペナルティ：プロジェクトを行うとき、早く着手して完成までに十分な時間を確保しないと、最終的な仕上がりの質が損なわれるリスクがある。フリーランサーに委託する場合も同様だ。**締め切りまでの時間が短いほど、標準以下のクオリティのものしか手に入らない可能性が高くなる。**

・「時間」のペナルティ：用事をぎりぎりまで残しておくと、雪だるま式に問題が発生して手に負えなくなるリスクがある。たとえば、クリスマスの買い物をぎりぎりまで渋っていると、12月24日に何時間も行列に並ぶはめになる。病院の予約や同僚との面談のスケジュールも同様だ。先に延ばすほど、すでに予約が埋まっている可能性が高くなる。

では、先延ばしをやめるためには、どうすればいいのか。最良の方法を、いくつか紹介しよう。

■「はしご」をかける

困難な作業の例として、「本を1冊書き上げる」場合を見てみよう。このタスクの大きさ

『The Extra Hour（本書原題）』を書き上げる

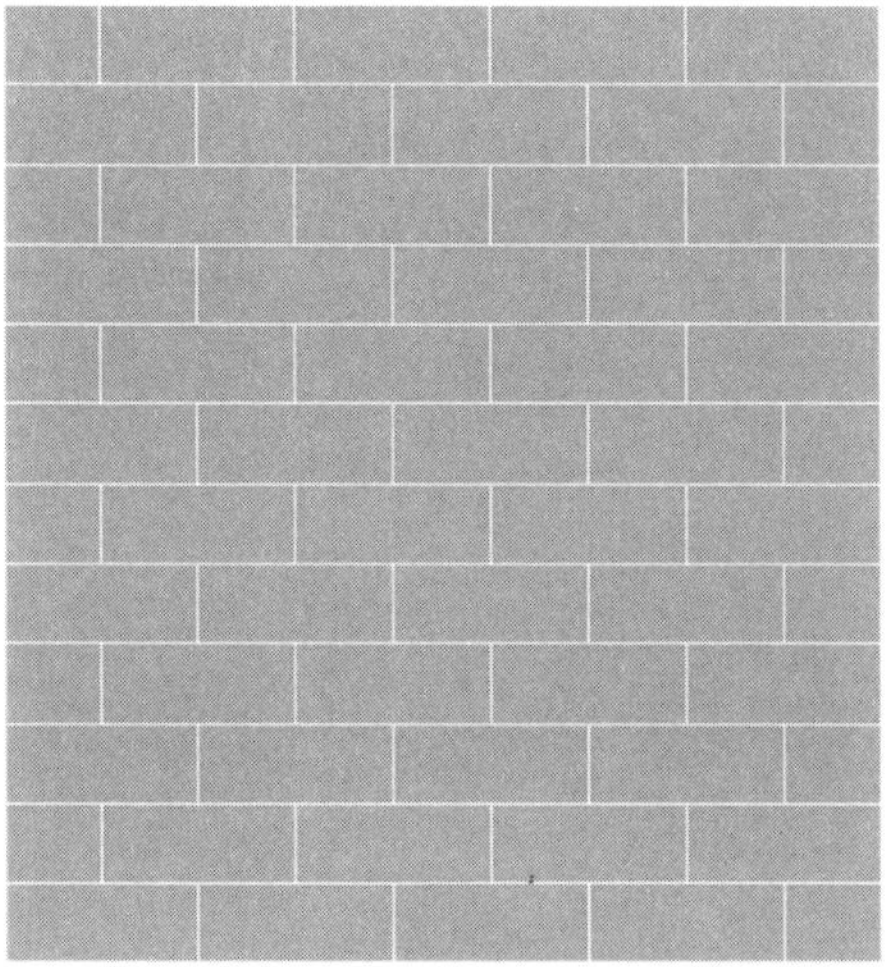

に、たちまち腰が引けそうになる。

上のイラストのように、とんでもなく高い壁を登ることに挑もうとするイメージだ。

これを克服するには、プロジェクトを、やる気を起こさせる（つまり、シンプルで完了しやすい）サブタスクに分割する。

忘れてはいけないのは、あなたの脳は、常にすぐに得られる満足感を求めていることだ。そのため、**すべてのサブタスクをToDoリストに書き出す**ことが重要だ。

1つ完了するたびに線を引いて消していけば、プロジェクトの間のやる気を維持するのに役立つだろう。

壁のイラストに戻ると、乗り越えるための

『The Extra Hour』を書き上げる

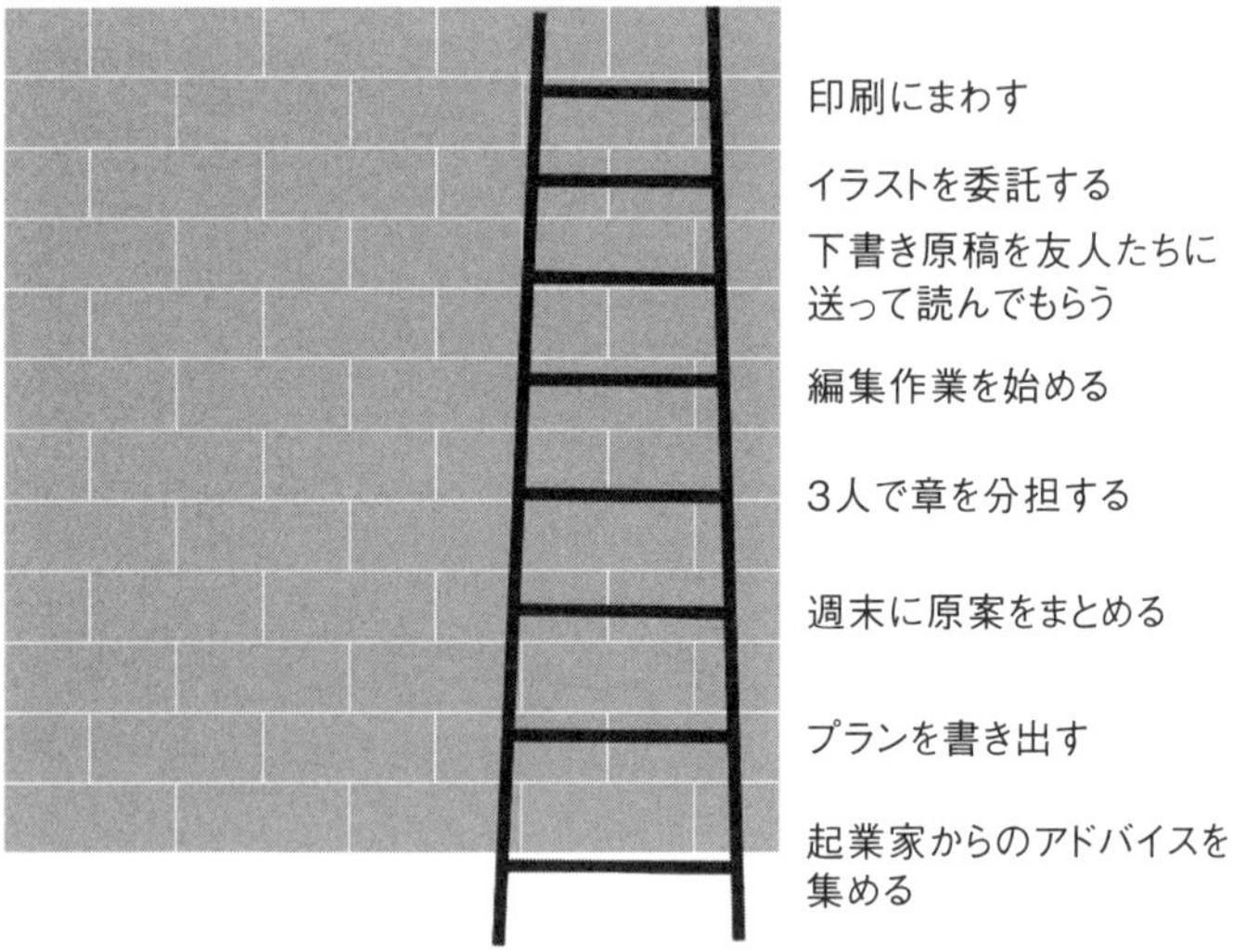

最良の方法は、「小さなサブタスクで構成されたはしご」をかけることだ。

たとえば、私たちがこの本を書いたとき、はしごには8つの段があった。

はしごの最初の段には、プロジェクトとは関係がなさそうでも、簡単に達成できるものを持ってこよう。小さなことをしなければ、大きなことを成し遂げることは決してできない。

「毎朝ベッドを整えると、その日の最初の仕事が完了する。そのことがささやかな自尊心を与え、次々に仕事をこなそうという気持ちにさせてくれる……」。これは、2011年にウサーマ・ビン・ラディンを捕らえる作戦を率いたウィリアム・マクレイブン海軍大将の言葉だ。

■まずやってみる

▼「締め切り」を作る

先延ばしを回避する最も効果的な方法は、**正確な締め切りを設ける**ことだ。「午前9時からプレゼンテーションを行う」と決めてしまえば、選択の余地はなく、あわてながらもやり遂げるしかない。

自分にできるだけ多くの締め切りを設定しよう。自分のマーケティング戦略が遅いと感じたら、上司にメールを送信して、1週間後に進捗《しんちょく》状況を報告したいと伝える。

悪い知らせを同僚に伝えなければならないときは、翌日の同僚のスケジュールに予約しておく。

ちなみに私たちは、本を予定通りに書き上げるために、知り合い全員に「3か月以内に手元に届ける」と宣言した。

起業家からは、「楽しい締め切りを設定する」というアドバイスももらった。

たとえば、オフィスで遅くまで残業するのを防ぐために、午後7時にジムの予約や約束を入れるのだ。机の前で長い時間を過ごさないためには、週に数回のワークアウトや仕事帰りの予定を入れるのが効果的だ。

▼「最初の1秒」をやってしまう

何かを動かすためには「やる気」が必要だと思いがちだ。しかし、**実はこれは逆で、「やる気」を起こすためには何かを動かす必要がある。**

ジョギングをする気持ちを高めたいなら、10メートルほど走ってみる。書く気になりたいなら、最初の数ワードを書き入れると、ページが真っ白という不安が軽減される。

作家スティーヴン・プレスフィールドは次のように書いている。「本物の作家が知っていて、作家志望者が知らない秘密がある。難しいのは執筆することではなく、書くために座り続けることなのだ。座るのを妨げるのは、抵抗する心だ」

常に最も難しいのは**「最初の1秒」**だ。始めてしまえば、あとは格段に楽になる。

かけにくい電話なら、まず電話を取って番号をダイヤルする。面倒なメールを書くなら、書き出しの数文字を書いてみよう。

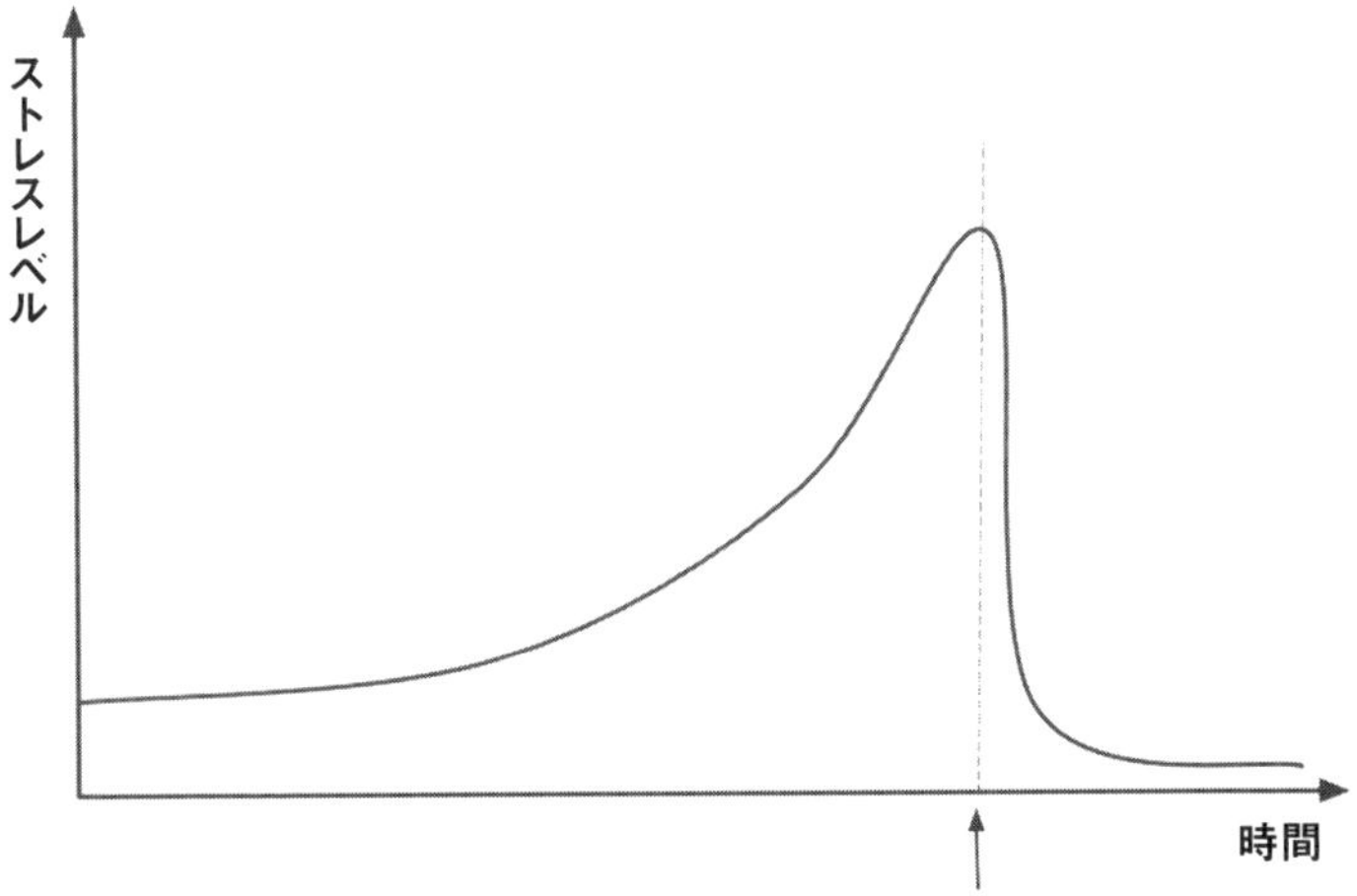

■「パワーアワー」で楽しむ

データベースへの入力、経費フォームの作成、写真のサイズ変更……そういった業務を退屈だと感じるのは、くり返しの作業であり、工夫をする余地がほとんどないからだ。

そんなときは、作業を楽しめるように工夫をしよう。同僚を集めて、音楽をかけ、おやつを並べるのはどうだろう。これを**「戦闘部屋」**や**「パワーアワー」**と呼ぶ人もいる。業務をやり遂げる励みになるはずだ。

また、いっそのこと自動化する方法を模索すれば、退屈な業務が挑戦へと変わるだろう。このテーマについては「加速」の章で取り上げる。

第1章のまとめ

「整理」のToDoリスト

自分にとって最も重要なプロジェクトに、十分な時間とエネルギーを注ぐために……。

☑自分の優先順位に合わないすべての要求に「ノー」と言う。そのために、自分の目標を明確に定義し、常にそれを念頭に置くこと。

☑やることをすべて「ToDoリスト」に書き留めて、心のスペースを空け、邪魔な思考の「黒い雲」を排除する。すると、タスクをやり遂げる確率も最大化する。

☑リストにあるタスクのうち、終わらせるのに2分もかからないものは、すぐに実行する。すると、その日のうちに何度も読み直したり、そのタスクをスケジュールのどこに差し込むかで悩んだりする時間を節約できる。

☑周囲の人のトレーニングとコーチングに時間を費やし、できるだけ仕事を任せる。

☑「3のルール」を使って1日の優先順位をつける。完了することで1日の終わりに満足感を得られる3つのタスクを考える。

☑3つのタスクを特定したら、「タイムボックス」に振り分ける。予定表に、それを完了するのに必要な時間枠を作ろう。自分とのミーティングを予定するような感覚で。

☑ToDoリストに目を通して、「パッシブなタスク」を特定し、それを先に始める。いったん動きはじめると、ほかのタスクを並行して進めることができ、その結果、仕事が早く完了する。

☑先延ばしの原因を理解し、それに応じて正しい行動を取る。タスクが複雑すぎる場合は、「はしごテクニック」を使って、シンプルで達成しやすいサブタスクに分割する。おもしろくないタスクの場合は、「締め切り」を設定する。常に「最初の1秒」が最も難しいが、いったん始めると格段に楽になることを覚えておく。タスクが退屈に感じられるときは、楽しくできるように工夫する。

第2章

集中

シャットアウトで「完全集中」する

あなたが1960年代に仕事のキャリアをスタートさせていたとしたら、オフィスの様子は今とはまったく違っていたはずだ。自分の机には万年筆が数本置かれ、隅にファイルが積まれていて、書いた手紙はアシスタントがタイプライターで清書し、時々机の上の電話が鳴る。

何よりも驚かされるのは、気が散る要素が格段に少ないこと。要するに、今の職場環境とは正反対なのだ。

大まかに書けば、次の3つの変化が挙げられるだろう。

常に「大量」に囲まれている

①仕切りのない「オフィスデザイン」

仕切りや壁をとりはらった現代のオープンな職場スペースは、確かにコストを削減し、コミュニケーションを容易にしたが、多くの混乱と仕事の中断を招いてしまった。

②「メッセージ」の爆発的増加

デバイスは速く作業するのに役立つが、タスク間の迅速な切り替え（つまりマルチタスク）も求められるようになる。ワンクリックでグーグル検索し、フェイスブックのページに切り替え、エクセルのスプレッドシートを完成させ……といった具合だ。

また、パソコンやスマートフォンの普及によって、受け取るメッセージの数がとんでもなく増加した。以前なら、手紙はごくたまにしか書かなかったし、労力のかかる作業だった。便せんにペンで手紙を書き、次に切手を買って、ポストに投函しなければならないからだ。現代では、メッセージの送信に費用がかからず、書くのにほとんどエネルギーを必要としない。そのため、日々何百通ものメールが爆弾のように投下される。

同僚にコピーを送る「CC」の慣習は、状況によっては便利だが、過剰に使われることが多く、主な目的が、自分の仕事ぶりをアピールしたり、責任を免れようとするための報告であったりする場合が多い。

③「コンテンツ」の急増

メディアとソーシャルネットワークは情報過多の時代に入った。Google社の元会長エリック・シュミットは、**2010年には2003年の1年間と同量の情報を生産するのに3日しかかかっていない**と見積もっている。

集中力は、私たちにとって最も希少なリソースになりつつある。

「マルチタスク」でかえって生産性が落ちる

現在、平均的なオフィスの従業員は、**1つの作業を連続して行える時間がわずか11分しかないそうだ。**(8)

タスクを次々に切り替えると、生産性が高いという錯覚が生まれる。自分がフルスピードで作業しながら多数の要求にすばやく対応していると思いこんでしまうのだ。

もちろん、現実はかなり違っている。**マルチタスクは、生産性の「最大の敵」**だ。

1つのタスクを完了する場合、停止と開始をくり返すよりも、一度に集中して行うほうが、かかる時間と労力がはるかに少なくてすむのだ。

この現象は、1950年代にこの理論を打ち立てたスウェーデンの研究者にちなんで「カールソンの法則」と呼ばれている。言い換えれば、**Aを完了してからBを実行するほうが、両方を同時に実行するよりもはるかに効率的**なのだ。

別のことに意識を移すと、集中力が100%に戻るまでに長い時間がかかる。中断するたびに、最初の集中力を回復する必要があり、それはまるで、深い眠りから覚めるような

中断が高くつく理由

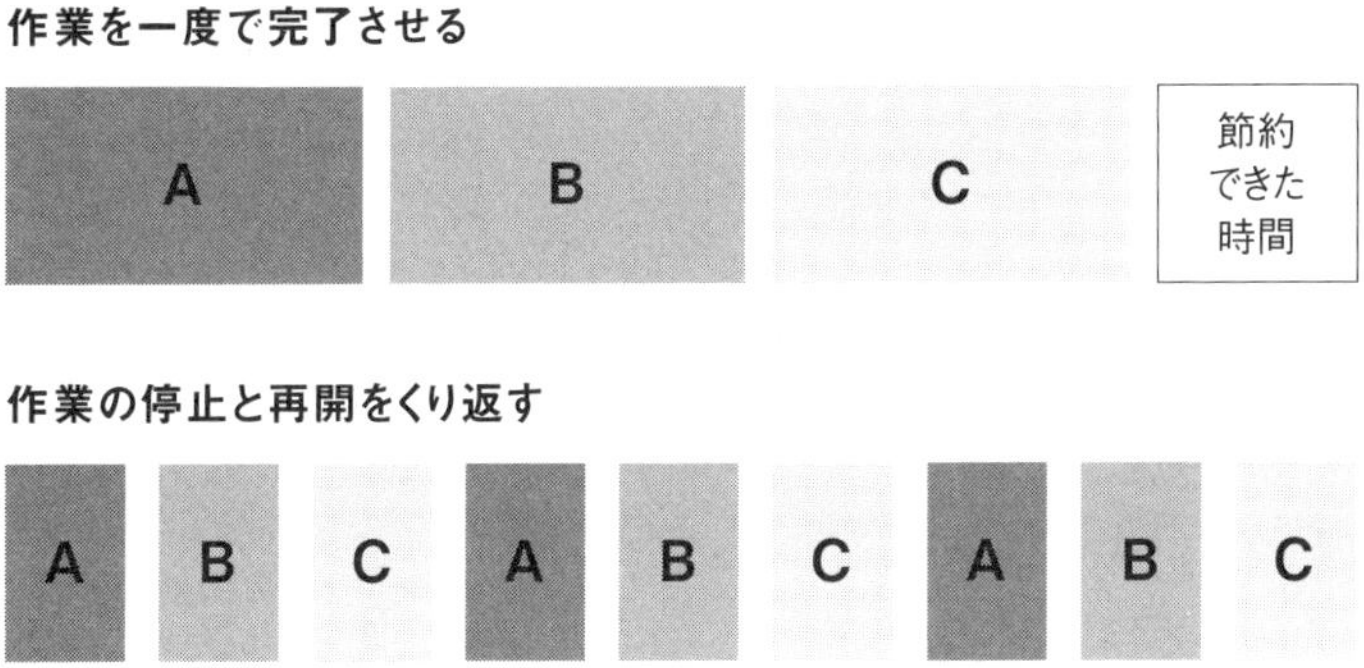

ものだ。

メールを開くたび「IQマイナス10」

いったん開始した作業は、次の作業に移る前に必ず終わらせよう。

第1章でお伝えした「はしごテクニック」を覚えているだろうか？　1段目をクリアしたら、残りをすべて登る覚悟で進もう。途中で降りて、別のはしごに登り直してまた戻って……となると、勢いが失われてしまう。

交互に作業を行うと、遅くなるだけでなく、知的能力も低下する。

心理学者のグレン・ウィルソン教授は、**問題**

を解いている最中に中断すると、IQを10失うのと同等のリスクがあるという研究結果を導き出した。1通のメールを受信するような一見無害なものでも、中断になる可能性があることを覚えておこう。

最も生産的な人は、与えられた時間にやるべきことに100％集中している人である。会議では、関連するテーマを推し進め、問題を解決し、前向きな一歩を踏み出すことに全力を尽くす。研修では、可能な限りすべての情報を吸収することに集中する。働いているときは、手元の仕事に全力を注ぎ、5分おきにメールやフェイスブックの投稿をチェックしない。

この章の目的は、気が散る原因や中断を回避して、自分がしていることに100％集中するために必要なツールを提供することである。

頭の中の「ごちゃごちゃ」をきれいにする

集中を脅かす最大の敵は、前の章で説明した「黒い雲」、つまり邪魔な思考である。

やり忘れてはいけない用事も、同じカテゴリに分類されるだろう。レポートを仕上げる、あれとこれに返事をする、業者に連絡する、クリーニング店にシャツを引き取りに行く……。

注意散漫を回避するために頼るべき最初のテクニックが、前章で説明した「ＴｏＤｏリスト」だ。新しいＴｏＤｏが思い浮かんだら、すぐに書き留めよう。

具体的な内容や、それにかかりそうな時間については、あまり気にしなくていい。これをそばに置いておくと、信頼性の高い外付けメモリに保存したという安心感が得られる。

幸運なことに、今の時代、メモを取る道具にはことかかない。

思い浮かんだら、スマートフォンを取り出

して、お好みのＴｏＤｏリストのアプリに入力すればいい。

では、引き続き、集中するのに役立つ3つのヒントとツールについて、お伝えしよう。

■送信を「予約」する

メールツールには、あなたの負担を軽くしてくれる機能がある。メールを好きな時間に作成しておいて、設定した時間・日数が経過すると自動的に送信することができるのだ。

これを行うには、ＰＣならGmailの送信ボタンの横にある矢印▼から、「送信日時を設定」をクリックする（スマホは送信ボタン横の⋮をタップ）。

これで、「メールを送る」というタスクを覚えておかずにすむ。

■「受信トレイ」を空にする

受信トレイを空にする。これは、生産性を向上させるための定番のテクニックであり、**私たちが出会った起業家の3分の1以上が利用**している。

理由はシンプルで、受信トレイを空にしておくと、心が穏やかになるからだ。

受信トレイを、自宅の郵便受けのように考えてみてほしい。郵便物を取るときに、次に開けるときまで数通の手紙を残しておかないはずだ。受信トレイも同じように扱えばいい。最良の方法は、**メールを「アーカイブ」する**こと。そうすれば、検索バーからアクセス可能な状態のまま、メールを非表示にすることができる。

アーカイブしたメールは、バックパックに入れた道具のように考えよう。外からは見えないが、必要なときにすぐに使うことができる。

▼「アーカイブ」を使う

・アクションを必要としないメールは、読んだらすぐにアーカイブする。
・あなたのアクションが必要で、今時間があるなら、返信してメールをアーカイブする。(9)
・今時間がない場合は、必要なアクションをToDoリストに追加して、メールをアーカイブする。効果的にタスクの優先順位をつけるには、ToDoリストを1つだけ用意しよう。

▼週2回「空」にする

受信トレイを空にすることの唯一のリスクは、受信トレイを空にすることにこだわりす

受信トレイを空にする

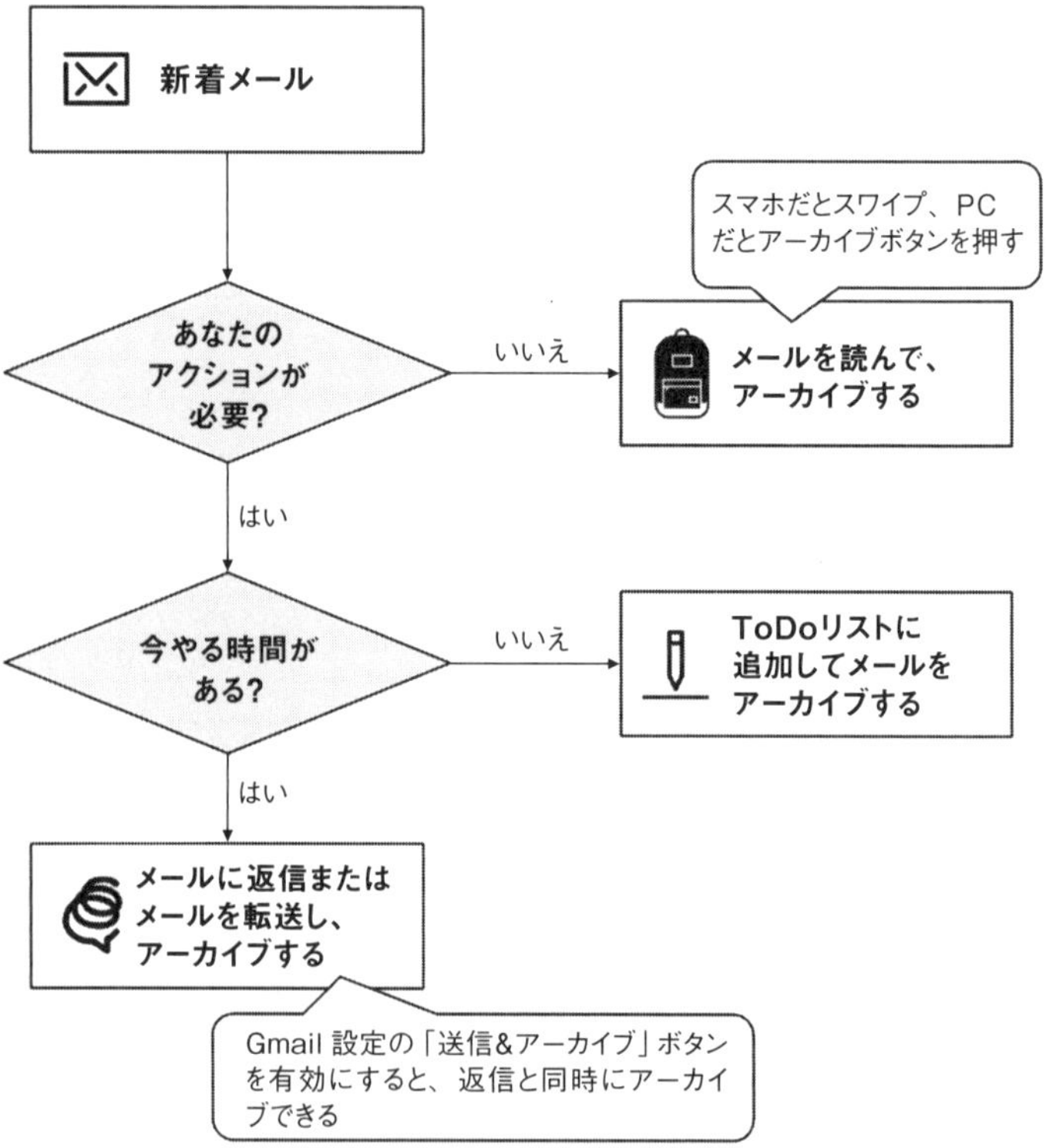
新着メール
あなたのアクションが必要?
いいえ
メールを読んで、アーカイブする
スマホだとスワイプ、PCだとアーカイブボタンを押す
はい
今やる時間がある?
いいえ
ToDoリストに追加してメールをアーカイブする
はい
メールに返信またはメールを転送し、アーカイブする
Gmail 設定の「送信&アーカイブ」ボタンを有効にすると、返信と同時にアーカイブできる

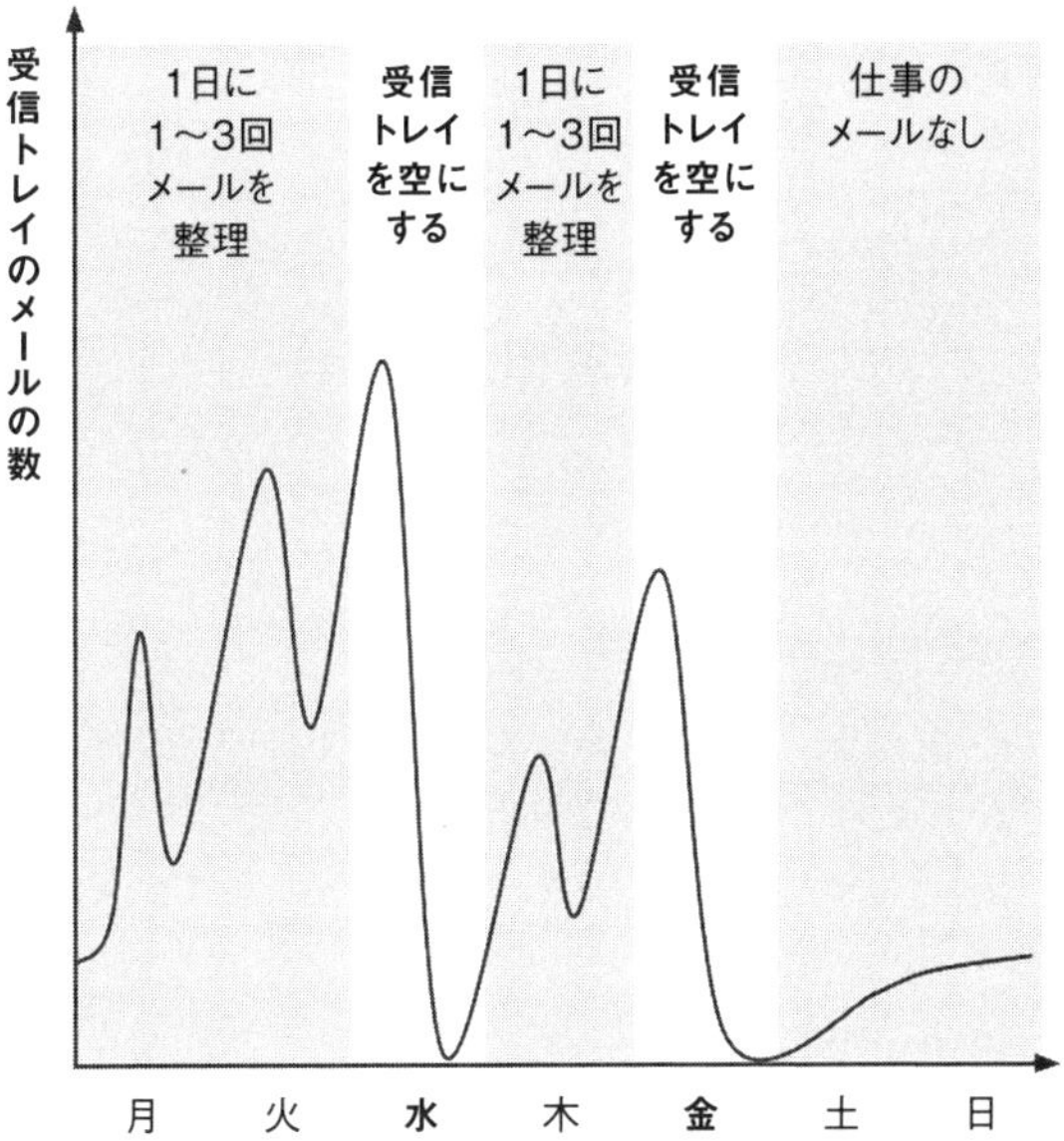

ぎて、時間を無駄にしてしまう可能性があることだ。

そうなってしまっては本末転倒だ。絶え間なくメールを片づけていると、それ自体が注意散漫の原因になり、優先したいことから集中力がそれてしまう。

重要なのは、受信トレイが空になることではなく、作業に集中することである。適切なアプローチとしては、**週に2回、たとえば水曜日と金曜日に受信トレイを空にする**のがいいだろう。

1日の終わりにいくつかの作業が未完了のままオフィスを離れるのと同じと考えて、数通のメールが未読のままでもよしとしよう。

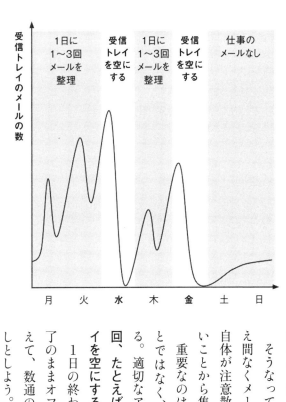

■「机」をきれいにする

職場で最初に目にするのは、自分の机だ。机の上に散らかっているモノは、多くの場合、未完の仕事である。読まなければならないファイル、署名が必要な契約書、郵送すべき手紙、などなど。机の上にあるので、手元の作業中に気が散ってしまう原因になる。

整理されていない机は、鼻先に貼りついて離れないＴｏＤｏリストのようなものだ。机が整理されていないのは、頭の中が整理されていないのに等しい。

すっきりした心を保ち、気が散らないようにするために、机をきれいにしよう。**週に一度の習慣にして、たとえば金曜日の午後に机をきちんと整頓すれば、月曜日の朝に準備万端で仕事に取りかかることができる。**

同じルールは「仮想オフィス」にも当てはまる。

パソコンのデスクトップに散らかっている古いファイルを取り除くと、信じられないほど気分が良くなるはずだ（Ｍａｃのアプリ「Hazel」は、1週間使わなかったデスクトップ上のファイルを専用フォルダに自動的に移動してくれる）。

Column

シリコンバレー式　瞑想

5人に1人以上の起業家が、何らかの形で瞑想を定期的に実践している。瞑想は仏教の僧侶やヒッピーが行うものだと決めつける人が多いが、それでも瞑想（または「何もしない」という技術）は、成功したビジネスマンや女性など、世界中の何百万もの人に受け入れられている。なぜだろう。

これは、ソレン・ゴッドハマーの功績によるものが大きい。彼は離婚して仕事を失い、Twitterに夢中になって、ニューメキシコ州の人里離れたトレーラーハウスでひっそりと暮らすことに決めた。人生を変える方法を模索し、日々を瞑想の研究に費やし、ついに悟ったのが、「無数のデジタル・ディスラプション［デジタルにおける産業の破壊的変革］」に支配された世の中において、瞑想を行うことで、意識を集中する能力を取り戻すことができ、それが仕事の質を向上させる」ということだった。

その後まもなく、ゴッドハマーは瞑想の美徳を称える本を書き、たちまちシリコンバレーのハイテクで成果主義の文化に生きる人々の人気を博した。「Wisdom 2.0　カンファレンス」を設立し、瞬く間に業界の多くの起業家の間でカリスマ的地位を得た。毎年、カンファレンスには、フェイスブック、Twitter、LinkedIn（リンクトイン）、PayPal（ペイパル）の創設者など、世界最大級のＩＴ企業のリーダーが集まっている。こういった企業はすべて、ゴッドハマーのアイデアに基づくプログラムを実行して大きな成功を収めているのだ。

一般的に信じられているのとは違って、**瞑想とは心を空っぽにすることではなく、頭に浮かんだ思考を受け入れ、それらの存在を認めてから、自分自身と瞑想の実践に再び意識を集中することだ。**メンタルトレーニングは瞑想の本来の目的ではないが、瞑想が集中力を高めるのに優れた方法であることがわかっている。

もちろん、瞑想の真の恩恵を体感するためには、体系的に取り組むことが不可欠だ。試してみたい方は、１週間の集中コースを探して受けてみることをお勧めする。さまざまなアプローチがあるが、私たちが幾度となく勧められたのが「ヴィパッサナー瞑想」である［日本でも京都と千葉で10日間の合宿コースがある］。

代替案として、世界中の指導者によって開発された高評価の無料の瞑想アプリ「Headspace」「Calm」「Insight Timer」などをスマートフォンにダウンロードしてもいい。1日わずか10分の瞑想であっても、たちまちその効果がわかるだろう。

「快楽」から自分を守る

ほとんどのSNSとメディアアウトレットは、1つの大きな目的のもとに構築されている——あなたの注意をできるだけ長く引きつけることだ。

それはなぜか？　あなたがプラットフォームに費やす時間が長ければ長いほど、彼らは多くのお金を稼げるからだ。

Netflix（ネットフリックス）やYouTube（ユーチューブ）などのサイトは、「次を再生」よりも「停止」のボタンを押すほうが難しいと知っている。だから自動再生を編み出したのだ。

ニュースサイトで、クリックベイト広告［目を引く誇大広告］が増えているのは、人が好奇心に逆らえないことを知っているからだ。

フェイスブックとインスタグラムは、新しい「いいね」を通知することによって、自分たちのプラットフォームに誘導しようとする。

こういった気晴らしの娯楽につい負けてしまう仕組みは、生理学的に説明できる。**脳**

が、**短期的な欲求を満たすことに反応して、わくわくした気分を生み出すドーパミン（先延ばしを促すのと同じ「快楽ホルモン」）を放出するからだ。**

最善の解決策は、自分の身を「自分自身から」守ること。

たとえば、「お酒をやめたいのについ飲んでしまう」という状況を避ける最善の方法は、**そもそもそれを購入しないことだ**。仕事の邪魔をする誘惑にも同じ原則が適用できる――アクセスを遮断するのだ。

そのために、便利に使える２種類のツールを紹介しよう。

■アプリを「見えないところ」に置く

「Freedom」などのアプリを使って、特定のウェブサイトやアプリへのアクセスを決まった時間ブロックするように設定することができる。

また、**スマートフォンで、フェイスブックやインスタグラムなどすべてのSNSアプリを２ページ目または３ページ目の画面に移動するか、さらにいい方法は、完全にアンインストールしてしまうこと**。最初は少し戸惑うかもしれないが、４～５日後には、新たな自由を手に入れた感覚になるはずだ。

また、誰かと会ってコーヒーを飲むときは、スマートフォンをテーブルに置いたままにしないこと。そうすることで、ついチェックしたくなる気持ちが減り、目の前にいる人に、画面に表示される「いいね」よりも大切に扱われているという感覚を与えることができる。

■「ブックマーク」する

動画や記事が送られてくると、すぐに開きたくなってしまうのが本能というものだ。誘惑から逃れるために、後で読めるようにキープする効率的な方法を入手しておこう。

私たちのお勧めはChromeの優れた拡張機能「Pocket」だ。これを使えば、記事や動画をワンクリックで保存でき、後でさまざまなデバイスから引き出すことができる。

もちろん、自分に正直になってもいい。SNSの呼びかけにどうしても抵抗できないときは、15分の休憩を取って、必要なことを行ってから、仕事に戻ってしっかり集中しよう。

「雑音」をシャットアウトする

私たちは、隠者のように生活したり、同僚を完全に避けたりすることを勧めているわけではないが、本当に集中して何かを終わらせる必要があるときには、誘惑をシャットアウトしよう。そのために、多くの起業家はある武器を利用している。それは――

「ヘッドフォン」だ。

ヘッドフォンの着用が効果的なのには、2つの理由がある。

■「ヘッドフォン」で没頭する

▼「意思表示」になる

ヘッドフォンをしていることで、同僚に、重要なことに取り組んでいて邪魔されたくないという意思表示ができる。

▼「歌詞のない音楽」を聴く

音楽を聴くことで集中力が高まる。ただし、音楽の種類も大切だ。あまり注意を払う必要のない、気楽なものを聴くのがいい。**シンプルな音楽で、できれば歌詞がないものを。**クラシックやリラックス系のジャズ、名作映画のサウンドトラックといった、ブリトニー・スピアーズやアデルの対極にあるものを考えよう。

リピートでお気に入りのプレイリストを聴くという場合でも、新作はできるだけ避けよう。**脳は、新しい曲よりも馴染《なじ》みのある曲のほうが気を取られにくい**からだ(10)。

作業用BGMを提供してくれる優れたウェブサイト「Noisli」を試してみる価値はある。静かな川岸、カフェ、雷雨の山小屋といった、集中するのに役立つ数種類の環境音を組み合わせて聴くことができる。

環境音は、仕事をうながす雰囲気を作り出すのに強力な効果がある。シカゴ大学の調査によると、**周囲の環境に少し気が散ることが、実際には創造的なプロセスを助けてくれる**そうだ。シャワーを浴びたり、歯を磨いたり、芝生を刈ったりしているときに、最高のアイデアがひらめくのは、そういうわけなのだ。

■「オフィス」から離れる

また、ヘッドフォンをつけるよりも優れたオプションがある。オフィスから離れることだ。カフェや公園、コワーキングスペースなど、あなたが好きな場所で作業してみよう。オフィスのわずらわしさから逃れて時間を過ごすことで、必要なことに心から集中することができる。

私たちが話を聞いた起業家たちは、「自分の机から離れる時間」を重要な業務時間だと考えていた。週に一度、午前中をそのために充てている人もいたほどだ。

中断されずに半日仕事をすると、多くの成果が得られることに、あなたも驚くはずだ。

もっと極端なアプローチとしては、どこか離れた場所に数日間自分を隔離して、作業に取り組むという方法がある。

ビル・ゲイツは年に2回、カナダ国境の人里離れた小屋に1人で滞在して「シンクウィーク（考える週）」を過ごしている。誰も（友人や家族さえも）いない、完全にひとりきりの環境で、本を読み、人生の目的とビジネスの将来を考えることに時間を費やしているのだ。

ゲイツは、マイクロソフトの画期的な革新への道を開いたアイデアは、この「シンクウィーク」の間にひらめいたと語っている。

▼「フロー」を自分で起こす

何人かの起業家は、外の世界から切り離された密度の濃い期間中に、「強い心理的満足を得た」と話してくれた。

心理学者ミハイ・チクセントミハイは、この状態を「フロー」と呼んでいる。作業に完全に集中すると、超効率的になるだけではなく、強い喜びの感覚——時間の概念が消え去るような一種のエクスタシーが得られる。

あなたも、この「フロー」の状態を、ピアノを弾くとき、山に登るとき、執筆中などに経験済みかもしれない。だったら、仕事を通じて得ることを考えてみよう。

「上司は絶対にオフィスの外で仕事をさせてくれない」

どうすればいいだろう？　一度だけ試させてほしい、と願い出られないだろうか。もしも願いが叶えば、その日はひたすら頑張って仕事をし、成果をメールで報告しよう。

質の良い仕事ができて、成果が上がるのであれば、外で仕事をすることについて、上司の理解が得られるかもしれない。

Column

「時間泥棒」がやってきたら？

さて、あなたは「自分の世界を守る」ために一生懸命に努力をしている……同僚の何人かは、そっとしておいてくれたが、意見や承認を得るために相変わらずしょっちゅうやってくる人もいる。それから「おしゃべりさん」もいる。しゃべりだしたら止まらない人や、話し終えたと思ったら、別の無関係な話題に乗り換える人が。

こういった人たちは、申し訳ないけれど「時間泥棒」である。少しの間はいいとしても、長くなるとうっとうしいし、迷惑だ。ここには、そんな人たちに邪魔をするのをやめてもらうためのアドバイスを書くことにする。

①あなたの邪魔をやめない人には、単刀直入に伝えよう。「今かかっている業務に全力で集中しなければならないので、○時○分に具体的な質問をリストにしてもう一度来てください」と。時間の長さも指定しよう。質問について考えているうちに、大半のことは自力で解決できるものだ。

②「おしゃべりさん」の扱いはもう少し複雑だ。「おしゃべりさん」はあなたに注目しても

らいたくてしかたがないので、あなたのほうから言葉の流れを切って、仕事に戻る必要があると理解させないといけない。その方法として、さえぎるようにゆっくりと片手を上げて、相手が話していた内容に短めに応じ、なぜ仕事に戻る必要があるのかを説明してみよう。例：「午後3時までにプレゼンテーションを仕上げる必要があるので、今すぐ仕事に戻らなければならないんです」。冷静に対応するのを忘れずに。

「メール」と「電話」は使い分ける

「同期型コミュニケーション」と「非同期型コミュニケーション」という2つの用語を紹介しよう。このうちの1つがトラブルにつながりやすい。

①同期型コミュニケーション：対面や電話での会話のように、両方の当事者が同時にやりとりをする

②非同期型コミュニケーション：手紙、メール、テキストメッセージのように、当事者のどちらもすぐに応答する必要がない

2つの境界がはっきりしないこともある。留守番電話を残した場合は、電話での会話も非同期型になるし、受信したメールに即答すると、非同期型ではなく同期型だといえるだろう。

重要なのは、**同期型コミュニケーションは即時の関与を必要とするため、作業が中断して生産性を脅かす**という点だ。私たちは、電話を完全に断つことは提案しないが、次のような場合のみに利用を制限してもいいかもしれない。

1. メールで処理するには複雑すぎる用件。フィル・サイモンによる「メール3通の法則」によると、**1つの用件に3つ以上のメールを送信する必要がある場合は、直接話すべきだ**。理想としては、不必要に相手の邪魔をしないように、事前に通話の相談をしておくといい。

2. 本当の緊急事態。たとえば、「ウェブサイトがダウンした」「生産ラインに故障が発生した」「重要な顧客が迅速な回答を必要としている」など。

これ以外の場合はすべて、非同期型コミュニケーションを優先しよう。

■ **電話を「オフ」にする**

話を聞いた起業家の何人かは、知らない発信者からの電話には出ないそうだ。また、多くの人が、さらに一歩進んで、**電話にはまったく応答しない**と話していた。

これはある意味、理にかなっている。電話をかける人は、自分に都合がいいからかけるわけだが、着信側にとってはそうでない場合がほとんどだからである。

電話をかける人は、実質的に、あなたの時間を奪っている。上司や重要な顧客からの電話なら取るべきだが、それ以外の場合には線引きをしよう。

留守番電話に、メールでの連絡を依頼する応答メッセージを入れておくのもいいだろう。「ポールです。現在、留守番電話のメッセージを聞いていませんので、メールをお送りいただければ、できるだけ早くご連絡いたします」。職種にもよりけりだが、可能な人にはこのやり方を強くお勧めする。

できない人には、ほかの選択肢がある。留守番電話サービスを完全に無効にすることだ（やり方は携帯通信会社によって異なるが、ネット検索すれば必要な情報が見つかるだろう）。

■メールチェックは「1日3回」まで

平均的な従業員は、**15分に1回**メールをチェックするそうだ。

でも、自分がメールの送り主なら、返事が来るまで3～4時間待ってもかまわない……そう思うだろう。だったら、自分にも許してあげよう。

不必要な中断を回避するために、**受信トレイをチェックする回数を1日に2～3回（たとえば、午前10時、午後2時、午後6時）に制限**しよう。

洗濯と同じように考えればいい。汚れた服を1着ずつ洗うことはせず、洗濯機がいっぱいになるまで待つはずだ。ティモシー・フェリス著『「週4時間」だけ働く。』（青志社）によると、ある起業家は、**自動返信メールを使って、毎日何時と何時だけにメールをチェックすると説明し、緊急の場合はショートメッセージを送るようにと依頼する**そうだ。

メールが届くたびにチェックしたくなる誘惑に負けないために、お勧めしたいのが、Gmailの拡張機能「Inbox When Ready」だ。受信トレイをデフォルトで隠してくれるので、新しいメッセージが届くたびに中断することなく、メールを書いたり作業を続けたりができる。

受信トレイを表示する唯一の方法は、「Show Inbox（受信トレイを表示）」をクリックすること。メールに振り回されずにすむので、「Inbox When Ready」はGmailで最も評価の高い拡張機能の1つになっている。

何よりも大切なのは、就業時間外に仕事のメールを読んではいけないということだ。前に述べた「ツァイガルニク効果」を思い出してほしい。

日曜日に仕事のメールを読んで、すぐに必要なことができないとしたら、邪魔な思考の「黒い雲」に未完のＴｏＤｏが加わり、ますます雲が大きくなってしまう。せっかくの週末に2時間の不必要なストレスが自分に降りかかってくるだけだ。

何も得るものがないのなら、メールは月曜日の朝まで手を付けずに残しておこう。同僚が週末に仕事をしたいなら、そうさせておけばいい。でも、あなたは仕事をしないということを知らせておこう。そして、自分がしてほしいことを相手にもしてあげよう。

休日に重要なメールを書くときは、平日のＴｏＤｏリストに入れるか、月曜日の朝に送るように設定しておくのだ。

■「チャット」はビジネスに不向き

制作者が何と言おうが、「Slack」（スラック）や「Microsoft Teams」（チームズ）のようなチャットアプリは、メールに取って代わるものではない。

メールは、プラットフォーム（Gmail、Yahoo、Outlookなど）に関係なく誰とでも通信できるため、これからも外部通信の主要なデジタルツールであり続けるだろう。

チャットアプリは、内輪のコミュニケーションを促進してくれるが、重要なメッセージが、笑えるリンクやランチの店選びといったやりとりに埋もれて迷子になりやすい。

私たちのお勧めは、**重要な用件にはすべてメールを使い、お気楽な内容にはチャットアプリを使うことだ。**一貫してメールを使うことで、自動的に重要な内容が同じ場所で管理されるため、ゆくゆく探しやすくなるという特典もついてくる。

「通知」をオフにする

周囲から絶え間なく入る邪魔に加えて、デバイスから入る邪魔にも対処しよう。**通知の10件中9件は不要であり、集中を妨げる役目しか持たない。**

次は私たちのアドバイスだ。

①スマートフォンとＰＣのほぼすべての通知（フライト情報、タクシー到着アラートなど

の例外を除く）をオフにする。アプリの設定を一つひとつ調整して時間を無駄にするのはやめよう。iPhone、Android、Mac、Windowsのデバイスで設定メニューを開き、すべての通知とアラートの設定を一度に変更するだけでいい。1分ほどの手間で、何時間も節約できる。

②人生は短い。プレロール広告（動画コンテンツが開始される前に再生される動画広告）を見たり、ポップアップウィンドウを閉じるために小さな「×」を探したりするのに時間を費やすのはもったいない。「AdBlock」などの広告ブロックアプリをインストールしよう（ただし、好きなウェブサイトでは手作業で消すことも考えよう――広告のおかげで存続しているのだから）。

③不必要なニュースレターの登録を解除しよう。大まかな目安は次のとおり。「いつか役に立つかもしれない」と思ったものは、解除でOKだ。なくてはどうしても困るニュースレターだけを残そう。**ニュースレターの最新の5通を読んでいないなら、そもそもまったく読んでいない可能性が高いので、登録を解除しよう。**1年間着なかった服と同じように、手放すのだ。

第2章のまとめ

「集中」のToDoリスト

複数のタスクを交互に行うと、作業スピードが落ちる。100%集中するためには、気が散ったり邪魔が入ったりすることを避けなければならない。

☑ToDoリストという「外付けハードドライブ」を使って、邪魔な思考を排除する。頭をよぎったアイデアは、すべて書き留めてしまおう。

☑メールの管理に心を乱されないために、「受信トレイを空にする」を実践する。そのために、確認したすべてのメールを「アーカイブ」する（表示されないが、検索バーからアクセスできる）。

☑週に一度の机まわり（とパソコンのデスクトップ）の整頓を習慣化する。これにより、頭がすっきりして、注意散漫な状態から解放される。

☑「ヘッドフォン」をつけて、重要なタスクに取り組んでいるので邪魔されたくないことを同僚に知らせる。

☑完全に集中して仕事を終わらせるために、毎週少なくとも半日は「リモート」で作業する。

☑緊急事態やメールでの解決が困難な用件を除いて、「非同期型コミュニケーション」を使う。これにより、相手の都合のいい時間に返事ができるようになる（メール、テキストメッセージなどを介して）。

☑知らない番号からの電話には応答しない。

☑不必要な中断を避けるために、受信トレイをチェックする回数を1日に2～3回に制限する。週末には仕事のメールを読まない。さもないと、未完のToDoリストを増やして邪魔な思考の「黒い雲」を太らせてしまうはめになる。

☑スマートフォンとPCの通知設定を無効にする。1分ほどの手間で、数時間分の集中力を取り戻すことができる。また、読んでいないニュースレターの登録をすべて解除する。

第 3 章

加速

「FAST」でブーストする

午後7時30分。あなたはキッチンで食料品の袋に囲まれている。1時間後に、15人の友人が夕食に来る予定。パニック寸前だ。

あなたには、いくつかの選択肢がある。「整理」(例：レシピの「パッシブなタスク」から始める)。「集中」(例：テレビの電源を切る)。しかし、どちらを選んでも、夕食の準備のスピードアップには足りない可能性が高い。

ここであなたがすべきなのは、**「加速」**である。そのために、次の4つの手順を試してほしい。

①基礎固め(**F**undamentals)：これから行う作業の時間を節約するのに役立つ、強固な基盤を作る。この場合は、深く長い呼吸をして、作業をするテーブルをきれいにし、包丁を研ぐ。

②自動化(**A**utomation)：くり返すアクションを自動化する。ディナーパーティーの準備なら、隣人にブレンダーと電動ミキサーを借りてもいいだろう。

③高速(**S**peed)：手動の作業を高速化する。できるだけ速く野菜の皮をむいてみじん切りにするために、ピーラーなどの効率のよい道具をそろえ、包丁さばきを訓練しておこう。

④20／80ルール(**T**wenty/Eighty Rule)：100%は目指さない。80%のインパクトを与

えるために、20％の労力を使う。たとえば、スパイスの効いたマダガスカル産フサスグリのソースはやめて、自家製マヨネーズにする。

基礎固め（F）、自動化（A）、高速（S）、20／80ルール（T）。4つ合わせて「**FAST メソッド**」へようこそ。

キッチンでうまく機能するなら、職場でも効力を発揮してくれるはずだ。

自分の「コスト」を知る

この章では、便利なツールを提案しているが、その一部は有料である。代金を支払う価値があるかどうかを判断するために、**まずは自分の時間に値段をつけてみよう**。

あなたの1時間がいくらになるのかを割り出すために、次のやり方を参考にしてほしい。

コンサルタント業など、時間単位で顧客に請求する職種なら、かなり簡単に答えが出る。同じことは、1時間働けばいくら手に入るとわかっているセールスエグゼクティブにも当てはまるだろう。

給与が労働時間に直接比例しない場合は、少し複雑になる。最も簡単な解決策は、給与に基づいて計算することだ。時間給の概算は、月給の手取り（つまり税引き後）を毎月の労働時間数で割れば得られる。

毎月150時間働いて6000ドルを稼ぐとしたら、時間給は6000÷150＝40ドルになる。

これを把握しておけば、ツールを購入したり、完全にアウトソーシングしたりすることへの投資に、それに見合う価値があるかどうかを判断しやすくなる。

・アプリの価格が35ドルで、毎月1時間が節約できるなら、購入する価値があることを上司に伝えよう。

・10ドルのタクシーで30分が節約できるなら、ぜひ乗ろう！　最終的には、ビジネスコストを節約できる。

タスクに「主観的な価値」を追加することも検討すべきだ。経済的コストを考えるのは重要だが、困難な作業にかかる心理的コストを過小評価してはならない。

経費を処理するアプリに投資すれば心穏やかに過ごせるのなら、これは金銭的な利益を超えるプラスといえる。

いずれにしても重要なのは、**「1時間を節約するためにいくら出せるか」**を知ることだ。

「斧」を研ぐ――Fundamentals

「1本の木を切り倒すのに6時間もらえるなら、最初の4時間は斧を研ぐのに使うだろう」

このエイブラハム・リンカーンの名言は、**準備に費やす時間は、実行するのに費やす時間と同じくらい重要**であることを示している。

複雑なプロジェクトに取り組む経験豊富なウェブ開発者は、1行のコードを書く前に、時間の20〜80%を、アイデアを練り上げて発展させることに費やしている。始める前に、斧を研ぐのだ。

■時間をとって「リラックス」する

山歩きに出かけたとき、頂上を目指す途中でひどく疲れたら、とっさに思いつくのは「このまま歩き続けよう」ではなく、立ち止まって休憩することだ。身体が休息を必要としていることが直感的にわかるからだ。

ところが残念なことに、身体ではなく頭が疲れているときは、同じロジックを適用しない場合が多い。すでに疲れきっていても、会議に立て続けに出席したり、重要なプレゼンテーションに身を投じたりするのだ。

身体能力と同じように、**認知能力が無限ではない**ことを認めるべきである。集中するには大量のエネルギーが必要だ。平均的な成人の脳は、重さが体重の2％しかないにもかかわらず、身体の総エネルギー消費量の20～25％を占めている。

1日の間に十分な休憩を取ろう――しっかりと休む時間を。**休憩とは、仕事をしていなかったりダラダラしたりするだけの時間ではない。効率と創造性を向上させるのに必要な「基礎固め」の時間**なのだ。

ランチタイムをきちんと取ったり、会議と会議の間に息抜きの予定を入れたりすることに罪悪感を持つ必要はない。

作業の途中でエネルギーのレベルが落ちたと感じたら、いったんストップして、負荷の軽い仕事に移ろう。後でいつでも戻ればいいのだ。

私たちが話を聞いた起業家の1人は、深い集中力を必要とする知的な作業と、それを必要としない作業とを分けて考えていると話してくれた。前者を1日の最初に行い、後者は後回しにするそうだ。

■「パワーナップ」でチャージする

どうしようもなく疲れているときは、空軍パイロットと同じように「パワーナップ（仮眠）」を取ろう。

10〜15分の仮眠がエネルギーレベルを高めてくれるので、さらに3〜4時間がんばることができるだろう。

歴史に残る偉大な思想家たちが、仕事とリラックスを交互に行っていたのは偶然ではない。

チャールズ・ダーウィンは仕事の時間を各90分の3つのセッションに分割し、残りの時間は、外に出て森を散策したり、読書をしたりしていた（そして、科学史上最も革新的な本を書き上げた）。

数学者アンリ・ポアンカレは、午前10時から12時までと、午後5時から7時までの2コマを仕事に充て、残りの時間を山歩きと昼寝に費やした。

偉人たちの1日のスケジュール(11)

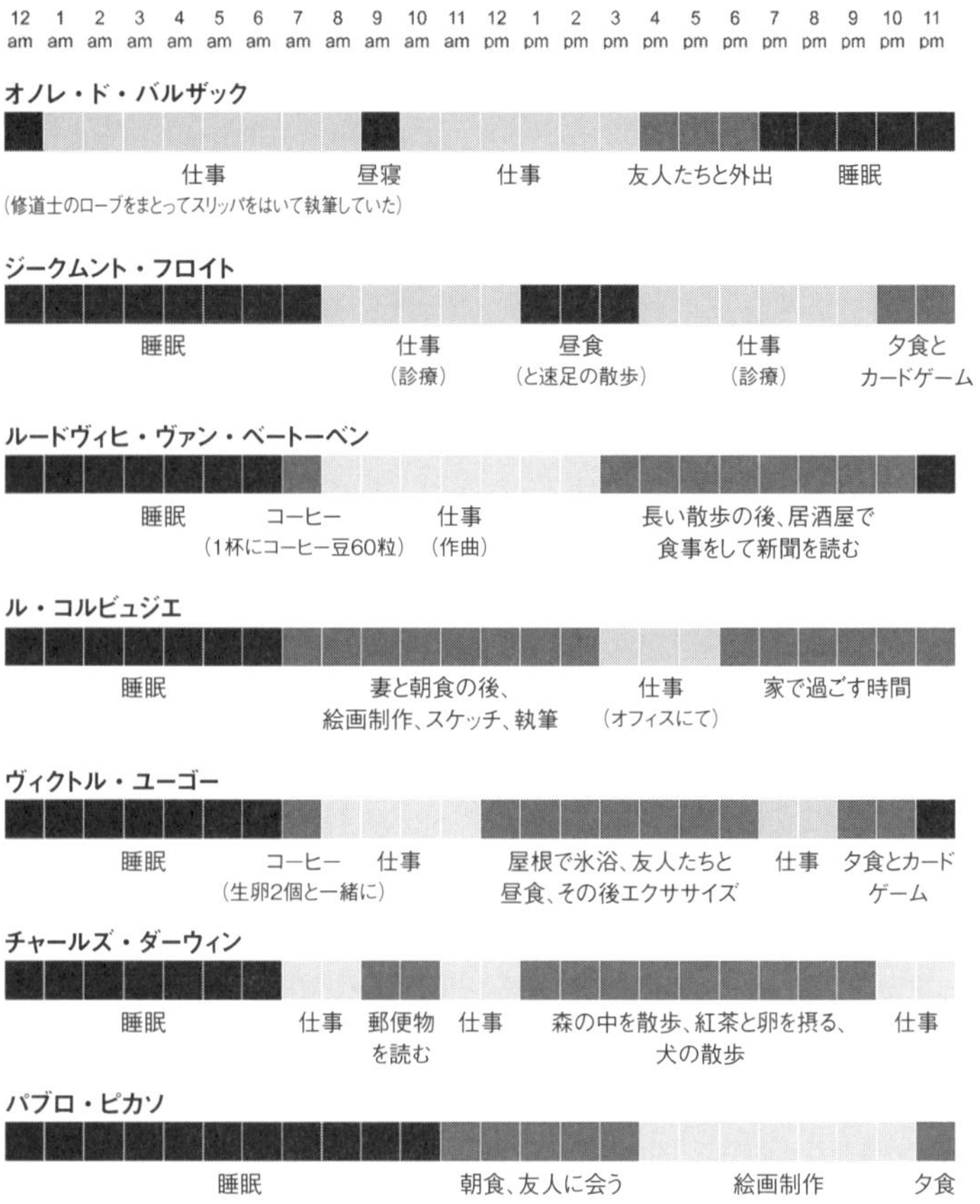
12 am 1 am 2 am 3 am 4 am 5 am 6 am 7 am 8 am 9 am 10 am 11 am 12 pm 1 pm 2 pm 3 pm 4 pm 5 pm 6 pm 7 pm 8 pm 9 pm 10 pm 11 pm
オノレ・ド・バルザック
仕事
昼寝
仕事
友人たちと外出
睡眠
(修道士のローブをまとってスリッパをはいて執筆していた)
ジークムント・フロイト
睡眠
仕事
(診療)
昼食
(と速足の散歩)
仕事
(診療)
夕食と
カードゲーム
ルードヴィヒ・ヴァン・ベートーベン
睡眠
コーヒー
(1杯にコーヒー豆60粒)
仕事
(作曲)
長い散歩の後、居酒屋で
食事をして新聞を読む
ル・コルビュジエ
睡眠
妻と朝食の後、
絵画制作、スケッチ、執筆
仕事
(オフィスにて)
家で過ごす時間
ヴィクトル・ユーゴー
睡眠
コーヒー
(生卵2個と一緒に)
仕事
屋根で氷浴、友人たちと
昼食、その後エクササイズ
仕事
夕食とカード
ゲーム
チャールズ・ダーウィン
睡眠
仕事
郵便物
を読む
仕事
森の中を散歩、紅茶と卵を摂る、
犬の散歩
仕事
パブロ・ピカソ
睡眠
朝食、友人に会う
絵画制作
夕食

アーバニズム（都市生活様式）を提唱した建築家ル・コルビュジエは、午前中いっぱいは絵を描いて過ごし、午後にオフィスに到着した。

Column

限りある「ウィルパワー」

これから眠るところ。目覚ましを午前7時と8時のどちらに設定する？
朝起きる。紅茶にする、コーヒーにする？
着替える。長袖？　それとも半袖？
仕事に取りかかる。最初に何をチェックする？　メール、それともカレンダー？
顧客と昼食に出かける。どのレストランを選ぶ？

毎日、私たちはこういった何百もの小さな決定を行っている。
最初に選択肢を作り、それぞれの長所と短所を比較し、1つを選ぶという作業には、時間とエネルギーの両方が使われる。その結果、意思決定の力が疲弊する。そして小さな決定が積み重なると、候補者を採用するかどうかや、新しいプロジェクトを開始するかどうかといった、重要な決定に必要なはずの時間とエネルギーが奪われてしまうのだ。

「ウィルパワー（意思力）」には限りがあり、1日の間に決定を行ううちに使い果たされると主張する研究者もいる。時間が進み、ウィルパワーを使い果たすと、理屈で判断する代わりに、簡単そうに思える解決策に惹《ひ》かれるのだという。

意思決定の力を使い果たさないために、何をするべきなのだろうか。

毎日の小さな決定の数を減らすために相当な工夫をしている人もいる。極端な例として、フェイスブックの創設者マーク・ザッカーバーグは、グレーのTシャツしか着ない。「生活をクリアにして、（フェイスブックの）コミュニティを最善に運営するため以外の決断事項をできる限り少なくするため」だ。スティーブ・ジョブズの黒いタートルネックとバラク・オバマの青いスーツと同じ理由である。

また、不必要な決定を避けるために、毎日まったく同じ朝食を摂り、1週間の食事メニューを固定している人もいる。

私たち個人の意見としては、仕事のために私生活を犠牲にしているとしたら、少しやりすぎだと思う。代わりに、「**選択肢を絞ることで、素早く意思決定を行う**ようにすればいい」というのが私たちからのアドバイスだ。

社会は驚異的なスピードで進化している。

オンラインの何百もの選択肢からどうやってホテルを選ぶ?

店の棚一列にずらりと並んでいる朝食用シリアルから、どうやって選択する?

あなたの住む街に毎日新しいレストランが3つ開店する状況で、どうやって1つを選べばいい?

選択肢を絞り込めば、意思決定を楽に保つことができる。友達と会うワインバーを決めるときは、まずどこか3つを選んで、その中から選ぶようにしてみよう。それができない場合は、良さそうな店を見つけて、常連客になるのも手だ。店長と仲良くなれば、ドリンクをサービスしてもらえるかもしれない。

■「身体」を整える

西洋文化では、身体と心は完全に独立していて、心が指令したように身体が動くのだと考える傾向が強い。

しかし、医師と神経科学者によって、身体と心の関係が以前に考えられていたよりもはるかに複雑であることがわかってきている。

▼1日の最初に「ドーパミン」を出す

多くの起業家が、1日の集中力と生産性を上げる方法として、朝のジョギングやランチタイムのトレーニング（ランニング、ヨガ、クロスフィット、スカッシュなど）を推奨している。

また、徒歩や自転車で通勤して、エネルギーに満ちた状態で職場に着いて1日を始めるという人もいる。

運動中の身体は、あらゆる種類のホルモンを体内に放出する。気分を良くするのに役立つエンドルフィンは、その1つだ。

また、最大の効果があるのがドーパミンで、疲労感を軽減し、1日を通して集中力と記憶力を高めてくれる。

運動をするためにはエネルギーが必要だが、後から利子がついて返ってくるのである。

Column

「7分のワークアウト」でベストな体調に

2013年9月に『ニューヨーク・タイムズ』紙に掲載された記事が、ブームのきっかけだった。わずか**7分間のトレーニングで、長時間の持久力トレーニングと同様の結果が得られる**というアメリカスポーツ医学会による研究が紹介されたのだ。

この新しいトレーニング方法は大きな話題を呼び、『ニューヨーク・タイムズ』紙は7分間のワークアウトのアプリをリリースした。これが評判となり、現在までに数百万回ダウンロードされている。

現在、App StoreとGoogle Playストアの両方に約30の同様のアプリがある。どれがお勧めかと聞かれたら、私たちの答えは「Johnson & Johnsonの7分間ワークアウト（J&J Official 7 Minute Workout）」だ。クリスという名前の仮想トレーナーが、1ステップずつやり方を教えてくれる。

簡単に言えば、7分間ワークアウトは、12種類の30秒のエクササイズ（腕立て伏せ、クランチ、スクワット、プランクなど）を次々に実行し、それぞれの間に10秒の休憩をはさむというものだ。必要なのは椅子と壁だけなので、好きな場所で行うことができる。時間や目標設定をカスタマイズできるものがご希望なら、起業家の何人かは「Sworkitパーソナルトレーナー」を強く推奨していた。

▼「食事」がエネルギーレベルを変える

「直感が大切」とよく言われるが、この「直感（gut feelings）」つまり「腸で感じる感覚」が重要な理由について、現代の科学研究が解明を進めている。

消化器系は、食物を処理して身体の燃料に変えるだけの臓器ではない。私たちの腸には、2億個を超えるニューロン（これは犬の脳内と同じぐらいの数）と、目や耳や皮膚よりも多くの神経細胞が入っている。いわば第二の脳なのだ。

迷走神経（脳と消化器系とのコミュニケーションに関与する神経）を電気的に刺激すると、被験者の気分に劇的な影響を与える可能性があることがわかっている。

にんじんや発芽した穀物の効能について説教するつもりはないが、食べ物が心の状態やエネルギーレベルに想像以上に大きな影響を与えると覚えておいて、絶対に損はない。

いろいろ試してみて、自分に最適な食事を見つけよう。

■「体内時計」にベストな時間に動く

「生物学的プライムタイム」（エネルギーレベルが自然にピークに達する時間）を最大限に活用しよう。単に「朝型」「夜型」というだけでなく、もっと正確に知っておくといい。

具体的には、プライムタイムとは、1日の中で、やる気と集中力が最高レベルにある時間帯を指す。これを知ることで、重要な作業に対処するのに最適な時間帯と、コーヒー休憩に行くほうがよい時間帯を割り出すことができる。

プライムタイムを調べるために、研究者ジェームズ・ホーンとオレグ・オストバーグが作成した概日リズム診断（朝型夜型質問紙）に記入してみよう。自分のタイプや、集中できる時間帯を知ることができる。テストは10分ほどですみ、オンラインで簡単に見つけることができる。［日本語版は、「朝型夜型質問紙」で検索（英語名は「Morningness Eveningness Questionnaire」）］

結果が得られたら、それに合わせて自分のスケジュールを立てるようにしよう。

たとえば、**超朝型の人なら、すべての会議を午後に移動し、朝の時間を作業負荷の大きい仕事に使う**のだ。

参考までに、**私たちが話を聞いた起業家のうち、夜に生産的になるという人は1人もいなかった。**

一方で、少なくとも20人が、**生産性を向上させるための重要な秘訣は、早朝にスタートを切ること**だと話してくれた。オフィスは、ほかに誰もいないときは信じられないほど平和な空間だし、朝一番は、頭が最もすっきりしている。

睡眠によって脳内のゴミが取り除かれ、最も厳しいタスクに取り組む準備ができているのである。

■朝に「ルーティン」をする

すっきりした頭を最大限に活用して効率を上げるために、朝の日課を決めてしまおう。

メールを読んだり、どうでもいいことで頭をいっぱいにしたりして、朝の時間を台無しにしてはいけない。

私たちが話を聞いた起業家全員に、きっちりと定められた朝の日課があった。次に、一般的に推奨できるものを紹介する。

・最も重要な3つのタスクを選ぶ。次に、最も難しいものから始める（「カエル」を思い出そう）。
・運動。「7分間ワークアウト」など。
・瞑想。家族がまだ眠っている時間に行うと、邪魔されない可能性が高い。
・大きなグラス1杯の水を飲む。夜の睡眠中に約200ミリリットルの水分を失う。多くはない量だが、朝に水分補給をするのは悪い考えではない。
・ベッドを整える。簡単に実行できるシンプルな作業は、その後に控えている仕事のやる気を上げてくれる。

■「デジタル」を整える

最適な作業環境を作るためには、最適な道具を整えるのが大切だ。

まずはパソコンから始めよう。

ファイルを読み込むたびに砂時計のアイコンが表示されるなら、もっとパワーのあるパソコンが必要だ。

パソコンを新しくすることで1日に10分節約できれば、5年で25日分の時間が節約できる。クオリティの高いノートパソコンに1200ドルを支払う価値はあるだろう。

▼Macにする? Windowsにする?

実は、**私たちが話を聞いた起業家の大多数はMacで仕事をしていた。**主な理由は、クラッシュの頻度が少なく、見栄えがよいことだ。

とはいえ、ほとんどの最新のソフトウェアはSaaS(つまり、任意のウェブブラウザで必要なものにアクセスできる)であり、これはMacとWindowsの両方で利用できる。

だから、あなたの好みで決めてOKだ。

もう1つ、私たちが教えてもらった便利なヒントは、**マウスのポインターの速度を上げ**

ることだ。些細なことだが、あなたの人生が変わるかもしれない！

マウスを使うとき、ポインターの速度を目盛りの8（勇気がある人は最大）に上げてみてほしい。コントロールパネルの「ハードウェアとサウンド」から、「デバイスとプリンター」をクリックし、「マウス」をクリック、「ポインターオプション」で、ポインターの速度を調節することができる。

最初は少しコントロールしにくく感じるが、数分練習すると、コツがつかめるだろう。トラックパッドを使っている場合は、人差し指でパッドを斜めに横切ると、カーソルが画面全体を余裕で横切る状態になるのが大まかな目安だ。

また、ヘッドフォンを使える状態にして手元に置いておこう。電話中に両手が空いていれば、自由にメモを取ることができる（首の痛みも軽減される）。

最後に、起業家たちが提案した小さなアドバイスは、すべてのケーブルと充電器を2個ずつ用意して、1つは家に、もう1つはオフィスに置いておくことだ。

そのほうが探しやすいし、最後にどこで使ったかを考えて時間を無駄にしなくてすむ。……それに、かばんが軽くなる。

■「Google」は王様である

ソフトウェアに関していえば、たいていは大勢の真似をするのが正解だ。Google は市場で支配的な地位にある。ということは、より多くの開発者を雇うことができ、その全員がノンストップで自社製品が最先端を維持できるように働いているわけだ。

私たちが話を聞いた起業家の1人は、こんな風に表現した。「フェイスブックは時間を費やすために発明され、Google はそれを節約するために発明された」

私たちが話を聞いた起業家の99%は、メールに Gmail を使い、ウェブブラウザとして Chrome を使っている。

速さだけではなく、競合他社と比べた Google の最大の強みは、Google が提供する何千もの便利な拡張機能だ。

Microsoft Office（ワード、エクセル、パワーポイント）が1990年代の働き方に革命を起こしたのと同じように、現代の起業家は、こぞって Google のオンラインソリューション（Google スプレッドシート、Google ドキュメント、Google スライド）に切り替えている。

これらのツールには、次の3つの明確な利点がある（無料であることに加えて）。

▼「Googleツール」の圧倒的優位性

①コラボレーション：**同時に作業し、同じドキュメントをリアルタイムで編集できる**のは大きな利点だ。重いファイルを添付してメールをやり取りする無駄な時間がなくなる。この本は、Googleドキュメントだけを使って3人共同で書き上げた。

②自動保存：これを使えば、パソコンがクラッシュして作業内容が失われる心配や、「どれが正しい最新のファイルかがわからなくなる」という戸惑いに、おさらばできる。それに、Googleは自動的に作業を保存し、履歴の前のバージョンに戻すこともできる。新しいインターンが誤ってドキュメント全体を削除してしまっても、あわてふためかなくてすむ。

③機能性：Googleのツールは、Officeと同じ機能をすべて持っているだけでなく、さらに洗練されたデザインの独自の機能も備えている（Googleスプレッドシートなど）。

マイクロソフトは対抗策として「Office 365スイート」を開発した。Office 365スイートは、Googleのオンラインソリューションと同様のエクスペリエンスを提供するものだ。実際には、オンライン機能はまだ制限されている。しかし、会社のIT部門がほかの選択肢を与えてくれず、Office 365を使う必要がある場合は、これも便利に使えるだろう。

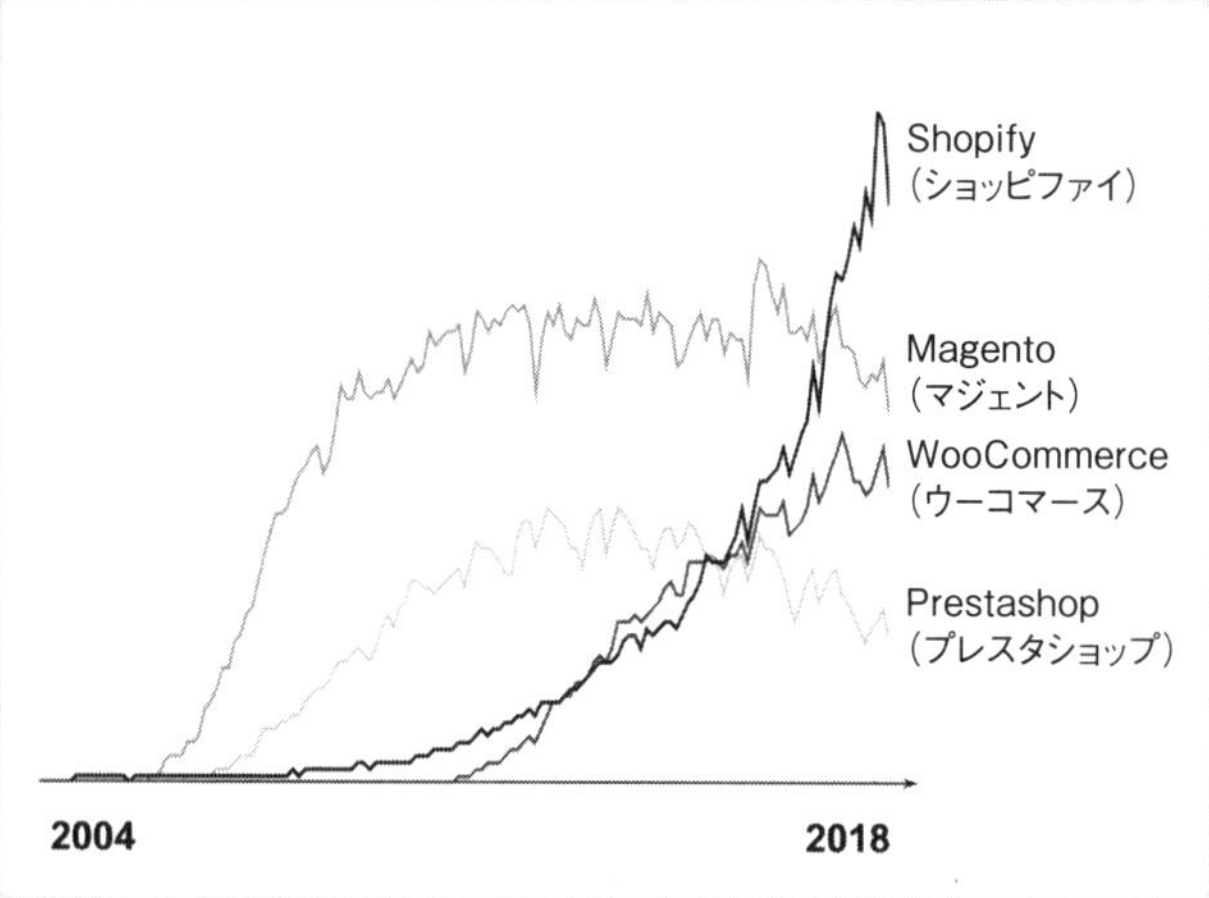

Column

Googleトレンドで「傾向」を調べる

前に述べたように、ソフトウェアに疑問があるときは、大勢の真似をすればいい。ツールを選択するときは、最も多くの開発者が作業しているツールを選ぶわけだが、これはユーザーが最も多いツールを確認することでわかる。

そのための簡単な方法は、「Google トレンド」(https://trends.google.com) をチェックすることだ。これは、２００４年以降の４つの主要なｅコマース・プラットフォームを比較した Google トレンドのグラフである。

「マシン」を育てる――Automation

鉄則がある。同じアクションを2回以上くり返す場合は、自動化しよう。次は、きわめて容易に自動化できる領域である。

■パソコンに「記憶」させる

誰でも100回くらいは（!）経験したことがあるだろう。10分をかけて個人情報を入力したのにサイトがクラッシュした、違うパスワードを5回試した挙句に「パスワードを忘れた」をクリックするはめになった、買い物をしようとしたらクレジットカードがどこに行ったかわからなくて探すはめになった……。

オンラインの入力フォームは、ウェブ上の悩みの種だ。

ただし、オンラインで個人情報を自動的に入力する素晴らしいデジタルツールがいくつかある（セキュリティも向上している）。ユーザー名とパスワードをストレスなく思い出したいなら、パスワード管理アプリ「1Password」が便利に使える。もっと包括的に、すべての情報を自動で入力したいなら、「Dashlane」は、私たちが話を聞いた起業家の中で最も推奨が多かったアプリだ。また、これらのツールはスマートフォンでも使える。覚えておく必要があるのは、マスターパスワード1つだけ。それが、ウェブ上のすべてのアカウントを開く鍵になる。

■パソコンに「メール」を整理させる

受信するメールは、豊富な情報(受信者、件名、日付など)を含んでいる。これらの情報を使用して、応答を自動化すれば、楽ができるというわけだ。

Gmail と Outlook では、多くの「自動フィルター」を設定できるようになっている。次に、実行できることの例をいくつか紹介する。

・上司と5人の主要なクライアントから受信したメールを赤いラベルで強調すれば、最重要メールをほかのメールから区別できる。
・特定のメールに自動返信する。たとえば、インターンシップを希望するメールをひんぱんに受け取るが、すべて断らなければならない場合、フィルターを設定して、外部のメールアドレスから送信された件名「インターンシップ」を含むすべてのメールに自動返信を使って丁寧に断ることができる（この機能は、Gmailの「返信定型文」で使用できる。または、Outlookでルールを設定する際に「テンプレートで返信」を選択する）。
・特定の不要なメールを自動的に削除またはアーカイブする。例：出席確認（件名に「招待を承諾しました」と記載されたメール）。知りたいのは、出席ではなく欠席を知らせるメールのはずだ。

Column

Gmailを「増強」する

「Mixmax」は、170ページの「Alfred」とともに独立したコラムを作って紹介する2つのツールのうちの1つだが、それには十分な理由がある。MixmaxはGmailの可能性を最大限に引き出すことができ、起業家の多くが、これが大きな変化を起こしたと話しているのだ。

主な機能は次の通り。

①後で送信できる。Mixmaxを設定すれば、選択した日時にメールを送信できる（たとえば、1日の終わりに送って同僚をいらだたせたくない場合など）。

②リマインダーを設定できる。指定した日数が経過してもメールへの返事がない場合、Mixmax がリマインダーを送信してくれるので、フォローアップすることを覚えておかずにすむ。

③スケジュールを共有できる。ワンクリックするだけで、スケジュールの空きをほかの人に見えるようにしてから、双方のカレンダーで招待を作成できる。メールを無駄に行き来させることなく、会議などのスケジュールを設定することができる。

④トラッキング（追跡）ができる。Mixmax は、相手があなたのメールを開封したかどうかと、その日時を教えてくれる。その人のフォローの必要性を知りたいときや、単に興味がある場合に便利に使える。

⑤シーケンス機能［つまり、マスメールの自動フォローアップ機能］。Mixmax を使うと、何百もの連絡先に同時に大量のメールを送信できる。そして、定めておいた時間内に連絡がない場合は、個別のメッセージでフォローアップができる。たとえば、「こんにちは、○○さん。まだ私のメールにお返事をいただけていないようですが、これ以上の情報は必要で

しょうか」と書くことができる。
基本的には、「送信」ボタンを押して、あとはMixmaxに処理を任せればいい。無料版では、それぞれの機能を月におよそ10回使用できる。

■「いつもやっていること」をやらなくていいなら？

日常に行う業務の多くは、条件付きの「if（条件）-then（実行）ステートメント」に基づいている（xが発生した場合は、yを実行する）。たとえば、仕入先から毎月の請求書を受け取った場合、まず請求書を受け取ったことをその仕入先にメールで伝えてから、Dropbox（ドロップボックス）にファイリングする、といった具合だ。

この退屈で反復的なアクションは、簡単に自動化でき、時間とエネルギーを節約することができる。私たちが話を聞いた起業家の1人は、**こういった日常的なプロセスの50以上を自動化することに成功**したそうだ。

自動化ツールの王様が「Zapier」だ。これによって、1000以上のアプリ（Gmail、

Google スプレッドシート、Outlook、Expensify、Dropbox、フェイスブックを含む）を組み合わせて作業を自動化し、生産性を向上させることができる。

先ほどの仕入先の請求書を例に取ると、Zapier を使って請求書を含むことを手掛かり（トリガー）に仕入先からのメールを判別し、返信し、結果的なアクションとして Dropbox に請求書をファイリングすることができる。

ほかにもさまざまな使い方ができるだろう（例：乗り継ぎ時間を考慮して、フライトの前後2時間をカレンダーで自動的にブロックする）[12]。

Zapier に代わるのが「Integromat」で、より視覚的な「ドラッグ・アンド・ドロップ」のインターフェイスを備えており、こちらのほうが Zapier よりも完全で強力だと感じる人もいる。

▼「ファイル」の自動整理

私たちがお勧めするもう1つのツールはファイルの自動整理ができる「Hazel」だ（現在はＭａｃでのみ利用可能。Ｗｉｎｄｏｗｓ向けは「DropIt」をチェックしてほしい）。さまざまなサービスを組み合わせる代わりに、Hazel は設定した特定のパラメータに従ってパソコン上のファイルを自動的に整理してくれる。

例を挙げると、「ダウンロードフォルダ内のドキュメントが1ギガバイトより大きく、2週間以上開かれていない場合、Hazelを使って自動的に削除」することができる。

または、ドキュメントに「請求書」という言葉が含まれている場合、Hazelはそのドキュメントのコピーを作成し、日付と時刻をつけた上でファイル名を変更して、自動的にアカウント(経理)フォルダに保存することもできる。

▼「日常生活」の自動化

ウェブサービスの連携のレベルをさらに上げたいなら、「IFTTT」(If This Then That)はチェックしてみる価値がある。

Zapierと一部同じ機能を使うことができるのに加えて、家庭用のデバイスとつなげることもできる。これが本当に素晴らしいところで、たとえば、しばらく雨が降っていないときに自動的に庭に水をまくことができたり、冷蔵庫の扉が開けっ放しになっているとスマートフォンでアラートを受け取ることができたり、家族全員が出発したら家の暖房をオフにできたり、オフィスに足を踏み入れた時点でスマートフォンを無音にできたり、といったことが可能なのだ。

これを使えば、生活全体をかなり自動化できる。すごいと思うか不気味だと思うかは、あなた次第だ。

▼「くり返しタスク」の自動化

Zapier や IFTTT と連携できないビジネス固有のアプリケーションを使っている場合の最適な選択は、「**RPA**」（ロボティック・プロセス・オートメーション）である。

コンピュータコードを使ってアプリケーションを連携する（API：アプリケーション・プログラミング・インターフェイス）代わりに、**RPAはユーザーがタスクを実行するのを観察することで人間の行動を真似し、データの比較やフォームの入力などのタスクをくり返す**。

RPAは、急速にビッグビジネスになりつつあり、UiPath や Blue Prism といった、RPAを扱ういわゆる「ユニコーン企業」［評価額が10億ドル以上で非上場のベンチャー企業］に注目が集まっている。

ここで指摘しておきたいのは、銀行、保険、遠距離通信など、紙を多用するセクターの自動化には大きな成長の可能性があるということだ。

ロボットは、契約書の作成からクレーム管理、請求、詐欺防止まで、あらゆる自動化を可能にするだろう。主な目標は、面倒なタスクを排除すること、そして従業員が、持前の才能、共感力、判断力を最大限に使ってタスクに専念できるようにすることだ。

もちろん、ほとんどの企業は何らかのソフトウェアを導入することでこういったタスクの引き継ぎをすることができるが、RPAの利点は、ITシステムの完全な見直しを必要としないため、長期的にははるかに安価になることだ（ユーザーの行動パターンを自ら学習し再現するため）。

RPAで何ができるのか？

毎日の作業が反復的になりすぎていると感じるなら、独自のRPAシステムを導入する理由になる。ITの専門家は必要ない。RPAはコーディングの知識がいらないからだ。必要なのは、忍耐と常識だけ。その上、たとえばUiPathは、従業員が250人未満の企業には無料である。

■「AI」を使う

古くは『2001年宇宙の旅』『ブレードランナー』、最近では『ウォーリー』など、人工知能をテーマにした映画は長年にわたって人気を博してきた。

実際のAIの進歩は比較的遅かったのだが、最近は様子が変わってきた。

すべてが変化したのは、2010年だった。ディープラーニング（人間が知識を獲得する方法に基づくモデル）の導入により、AIの学習プロセスに革命が起こったのだ。

たとえば、あなたが画像認識AIのトレーニングに取り組んでいるとしよう。猫が4本の足とひげと2つの耳を持つ動物であることをアルゴリズムに教える代わりに、何百万もの動物の写真にアクセスさせて、どれが猫であるかを伝えるだけでいいのだ。

そんな根本的な進歩が、AIに教育リソースを提供するオンライン情報の急成長（主にSNSとオンラインメディアのおかげ）によって可能になったのである。

結果として、AI開発が急激に加速し、それが生活や仕事のやり方を書き換えている。

もちろん、AIが経済や社会にどんな長期的影響を与えるかはまだわかっていない――わかっているのは、それが途方もなく大きいということだけだ。

そして今は少なくとも、価値の低いタスクを処理するために利用することができる。

▼「音声認識」でこんなにできる

上司が秘書に口述して手紙をタイピングしてもらうという光景は、完全に過去のものになった。

私たちは、最速のタイピストが入力する速度の少なくとも2倍の速さで話すことができるので、これを「音声認識」と組み合わせると、かつてないほどの速度でアイデアを書き出すことができる。

2017年5月、GoogleのAI音声認識ソフトは、ディープラーニングの力を利用して、**音声をテキストに変換する際に95%の精度を実現した。**これは人の手による文字起こしよりもはるかに優れている。

この分野の進歩は相当に速い。2016年7月、Googleの音声認識ソフトウェアの正解率は91・5%だった。Microsoft の Cortana（コルタナ）と Apple の Siri も、同様の進歩の軌跡をたどっている。

書くより話すほうが速いので、まだ音声入力を使っていないなら、スマートフォンのメッセージ——テキストなど——を、音声認識を使って口述することをお勧めする。

ただし、音声メッセージを送信するのはやめよう。**メッセージは聞くより読むほうが速いからだ。**

▼声で「家」を調節する

音声認識AIがとりわけ威力を発揮するのは、コネクテッドスピーカー／ホームアシスタントの分野である。Amazon の Alexa（アレクサ）、Google Home、Apple の Home Pod（ホームポッド）といったスマートスピーカーのいずれであっても、このシステムは、個人の生産性を上げるために信じられないほどの可能性を提供してくれる。

音声コマンドソフトは、画面とキーボードの必要性をなくし、ユーザーと欲求との間の摩擦点をさらに減らしてくれた。これにより、思いついた瞬間に、曲を再生したり、タクシーを予約したり、買い物リストにアイテムを追加したり、オンラインで買い物したりできるのだ。

こういったスピーカーは、仕切りのないオフィスではなく、自宅で使うのに最適だ。ただし、Alexa for Business を使えば、椅子から離れたりキーボードに触れたりせずに、電話会議を作成・参加したり、照明や温度まで調整することができる。

▼外国語を正確に「翻訳」する

長い間、機械では正確で微妙なニュアンスを含めた翻訳をすることはできないと信じられてきた。機械には、言語の有機的な性質――機微や皮肉やダブルミーニング――が理解できないと考えられていたのだ。

ところが、2016年に始まったディープラーニングが流れを変えた。**新しいAIソフトによる翻訳は、非ネイティブスピーカーが行う多くの翻訳よりも優れているのだ。**

直接的な結果として、言語が人と人の間の障壁になるという考え方は、書面によるコミュニケーション（Eメール、チャットなど）においては消えつつあり、インターネット全体が、話す言語に関係なく、世界中の人にとってますますアクセスしやすくなっている。今では、韓国の新聞記事を地元の新聞と同じくらい簡単に読むことができるのだ。

この分野に限っては、翻訳テクノロジーに多額の投資を行っているにもかかわらず、Googleもフェイスブックも市場をリードしていない。その名誉を手にしているのは、ディープラーニングベースの翻訳プログラムの「SYSTRAN」で、以前は不可能と考えられていた繊細で細やかな翻訳の域に到達しており、驚くような成果を上げている（無料でデモ版を試してみたい方は、Translate.systran.netで検索してみてほしい)。

残念ながらプロバージョンは有料なので、無料のものをお探しの場合は、私たちが話を聞いた複数の起業家からのアドバイスに従って、Chrome向けGoogle翻訳拡張機能をインストールしてみよう。ハイライトした単語が自動的に翻訳され、アイコンをクリックするだけで、選択したページを翻訳することができる。

▼「予定」を整理するAIアシスタント

単純な約束や会議の設定のために何度もやりとりをしていると、過度の時間とエネルギーを費やすことになる。この問題を解決してくれるのが、「x.ai」「Julie Desk」などのAIアシスタントだ。

たとえばx.aiを使えば、メールに「Amy@x.ai」をCCするだけで「エイミー(Amy)」がスケジュールを調整してくれる。両者の空き時間を考慮して、適切な時間帯を提案してくれるのだ。ビジネスランチを手配する必要があるときは、エイミーがあなたのお気に入りの店まで提案してくれる。

AIによる仮想アシスタントの価格は、サービスのレベルに応じて、月額20ドルから200ドルだ。起業家の多くは、結果として節約できた時間量を考えると、仮想アシスタントには投資する価値があると話していた。

▼AIはこれから「普通」になる

これは革命の始まりにすぎない。今後数十年の間に、人工知能は、こういった低価値で時間のかかるタスクをますます引き継ぐだろう。

新興企業は、すでにこれを利用する方法に目をつけている。

Growbotsという新興企業は、人間の代わりに新しい顧客を開拓するAIを開発している。

また、自動運転車の導入によって、車の運転に時間を費やす必要がなくなり、移動中に仕事や読書、映画鑑賞をしたり、窓の外を眺めたりできるようになる。

アリババグループの創業者である馬雲（ジャック・マー）氏は、**AIのおかげで、人間は30年以内に週4日、1日4時間労働になる**と予測している。その頃には、仕事に費やす時間量ではなく、発揮できる創造性と生み出す仕事の質に重点が置かれるようになるだろう。

もっと速く――Speed

あなたの生産性に何が最も影響を与えているかを知るためには、まずは、1週間のタスクに費やす時間をどのように分配しているかを把握する必要がある。

会議、エクセル、メールのチェック、SNSの閲覧に、どのくらいの時間を使っているだろう？　大まかな見積もりではなく正確な数字が欲しいなら、「RescueTime」のような無料アプリを使ってもいいだろう。RescueTimeは、パソコンとスマートフォンのバックグラウンドで作動して、ウェブサイトやアプリに費やした時間を追跡し、1日の内訳を教えてくれる。

改善するためには、まず数字を把握しよう！

■もっと速く書く

まずは、多くの人が忘れている当たり前のことを指摘させてほしい。職場において、スマートフォンがパソコンよりも優れているのは、移動しながら簡単に使えるという1点だけであり、**ほかのすべてにおいて、パソコンのほうが勝っている**ということだ。

パソコンのほうが速く、パワーがあり、画面が大きく、キーボードもいい。要するに、**電話をかける場合を除いて、職場ではスマートフォンに触らないのが得策**なのだ。

自分のスマートフォンを、テキストメッセージやチャットアプリを介して通信できるパソコン用の一種のモデム（送受信装置）と考えてほしい。仕事中は上着のポケットに入れておき、基本的には使わないこと！

▼もっと速く入力する――「F」と「J」の突起を使う

まずはタイピングの速度をテストしてみよう。そのためのサイトはたくさんあるが、「10fastfingers」がお勧めだ［日本語入力のテストもあり］。

1分当たりの入力が30ワード未満だと、平均よりも遅い――これは、改善の余地が十分にあるという意味で朗報だ。ちなみにプロのタイピストは1分当たり70から100ワードを打つことができ、世界記録（バーバラ・ブラックバーンが保持）は、1分当たり212ワードである（ただし、彼女は特製のキーボードを使っていたそうだ）。

タイピングが上手になる秘訣は、「キーボードに載せる両手の位置」にある。指が最小限の動きですべてのキーに到達できるように置くのだ。

QWERTY配列のキーボードで、人差し指を「Fキー」と「Jキー」に置く。FキーとJキーには小さな突起があり、見ないで探すことができる（そう、そのための印なのだ）。左手のほかの指はA、S、Dキーに、右手はK、L、；キーに置いて、両方の親指をスペースバーに置いた状態にする。ここから、各指をキーボードの特定のゾーンに対応させるのだ（たとえば、左の薬指は常にW、S、Xキーを担当する）。

タイピングの改善に役立つ優れたオンラインツールがいくつかある。私たちが最高だと思うものの1つが「TypingClub」［日本語対応、音声は英語］で、全米の5万以上の学校で使われている。1日10分のセッションを試してみよう。

心に留めておいてほしいのは、**タイピング速度はJ字形の曲線で改善する**ということ。つまり、テクニックを変更すると、最初はスピードが落ちるが、1〜2週間以内に急速に加速するのだ。

▼いつものフレーズを「登録」する

メールを書くときに、特定の内容をくり返すことがよくあるだろう。

たとえば、「当社のオフィスはニューヨーク州ウェストチェスター、アクセレレーション通り248番地にあります」というように。

ハッカー集団「アノニマス」よりも速く入力するために、Google Chrome の拡張機能「Auto Text Expander」（自動テキストエキスパンダー）を使おう。これを使うと、作成済みの文章やフレーズを特定のショートカットに割り当てることができる。たとえば職場の住所を「addr」に設定すると、すばやく入力できるというわけだ。

次のような情報をショートカットに登録しておくと便利だ。

・勤務先と自宅の住所
・メールの始めと終わりのあいさつ文
・自分のフルネーム
・電話番号
・銀行口座番号
・パスポート番号／運転免許証の番号
・勤務先の情報、名前、ホームページアドレス、会社登録番号、納税者番号など

・仕事でくり返し使うフレーズ。ビジネスの提案、見積もりの提供、請求書の送信、面接や会議の提案、インターンシップの応募の却下など
・今日の日付などの動的ショートカット

▼「テンプレート」で返信する

「返信定型文」を使うと、作成済みの文章をメールに挿入できる。同じメールを何度もくり返し送信することが多い人には、願ってもないリソースだ。

返信定型文を使えば、作成済みの文章を個々の受信者に合わせて調整すればいいので、時間とエネルギーの両方を節約できる。Gmailユーザーなら、設定ボタンから設定するだけでいい。Outlookにも同様の機能があり、新しいメールを作成し、「テンプレートとして保存」をクリックすれば、返信定型文として後で使うことができる。


名前とアドレスだけを個別に変えて、同じ内容のメールを複数の人に送信する場合は、「差し込み印刷」（メールマージ）を使おう。

これは基本的に、事前に作成したメールと、連絡先の詳細を入力したスプレッドシートを組み合わせるものだ。Gmailユーザーで価格の安い（または無料の）オプションを探

したいなら、Chrome の拡張機能「Yet Another Mail Merge」が使い勝手がいい。

テンプレートの例は、次のようになる。

「親愛なる ^^ First_name（名前）vv様、私たちの本が出版されましたことをお伝えしたく、連絡を差し上げました。発売記念パーティーは9月1日に開催されます。^^ Company_name（会社名）vv社の同僚の皆さまを招待することもできます。貴殿のご出欠と、参加人数について、教えていただけましたら幸いです。どうぞよろしくお願いいたします」

■「メール」を洗練する

メールでやり取りするときの、生産性に対する最大の脅威が「メールの卓球ゲーム」だ。

メール1：最新の財務報告です。
返　信：いいですね、私は何をすればいいですか？
メール2：チェックして、提案を書き込んでくださいますか。
返　信：スプレッドシートに直接入力しましょうか、それともメールで送信しましょうか？

メール3：お好きな方法で！

返　信：最後の計算に誤りがあります。それから、表はもう少し読みやすいほうがいいと思います。

メール4：訂正したバージョンをお送りします。いかがですか？

返　信：いいと思います。

メール5：良かったです。それを経理に送信して私にもCCで送ってもらえますか？

返　信：承知しました。

後から無駄なやりとりをしないですむために、最初に少し努力するのがお勧めだ。やるだけの価値はある。

次の4つの簡単なテクニックを試して一度きりで終わらせてみよう。

▼冒頭に「まとめ」を書く

メールの冒頭で、メッセージの相手に何を期待するかを正確に説明する。理想的には1つの正確な質問文で。

長すぎたり文字が多すぎたりする文章を要約する便利な方法が**「TL;DRテクニック」**だ。メールの冒頭に、内容をごく簡潔にまとめるのだ。

同僚に勉強会を提案したい場合は、「スピーチのトレーニング、来週の水曜日、興味があれば教えてください」とメール冒頭に書いてから、下に具体的な詳細を説明しよう（「TL;DR」は「Too Long; Didn't Read（長すぎて読まなかった）」の略で、「Reddit」（レディット）などのサイトで長い文章に簡潔な要約をつけるときに使われる）。

▼「組み立て」を変える

メール文を正確に組み立てる。**「If ... Then構造」**（©ティム・フェリス）を試してみよう。「Aをしたら（If）Bをする（Then）」という構造で文を作るのだ。

先ほどのやり取りを例に取ると、「これが財務報告書の提案です。**ご確認の上、よろしければ、経理に直接送って私にCCしてください。**変更や提案がありましたら、下部に示してください」と書けばいい。

明確なメールを1つ書くことで、何度もやり取りをする必要がなくなる。

▼「箇条書き」にする

重要な情報に優先順位をつけるために箇条書きにしよう。

▼もっと「視覚的」にする

要点を説明するときに、画像やグラフや動画を使ったほうが、長々と説明するよりも効果的な場合もある。

「CloudApp」を使うと、ほんの数クリックで、静止画像、GIF、動画など、お好みのスクリーンショットを撮り、必要に応じて注釈を付けることができる。またCloudAppは、コピー／貼り付けができるリンクを介して画像へのアクセスを共有することもできる。無料版で、必要な作業のほとんどが行えるはずだ。

■もっと速く読む

1分当たり200から300ワードを読むのが平均的なスピードだが、最速の人は、1分間に1000ワードに近い分量を読むことができる。

これほどの速さで読み進める能力の背後には、2つの重要な秘訣がある。

▼速い人は「頭の中で音読」しない

頭の中で文字を読み上げていると、読むスピードが話すのと同じぐらいまで落ちてしまう。

▼速い人は「目を動かす速度」を上げている

意外かもしれないが、私たちの目は、文章を1行ずつ、1つずつ単語を追っていくのではなく、およそ0・25秒ずつ、5~6回飛ばしながら読んでいる。つまり、誰もが「速く読もう」と思えば、できるのだ（精度は練習を重ねて上げていくしかない）。

文章をすばやく読み飛ばすために、各行の3番目の単語と、同じ行の最後から3番目の単語を同時に読んで、周辺視野を鍛えることを試してみてほしい。

▼速読は「いいこと」ばかりではない

大胆な謳《うた》い文句もあるが、現代の研究データは、実際には魔法の数式はないことを示している。**読むスピードを上げると、結果として、覚えたり理解したりする能力が低下する**のだ。(13)

私たちからのアドバイスは、あまりにも長くて退屈な文書にだけ、速読のテクニックを試すことだ。それ以外の場合にはお勧めしない。

上質の小説を手にして暖炉のそばに座っているなら、むしろ読む速度を下げることをお勧めする。

▼「耳」で読む

読む時間を見つけるのに苦労している人は、ポッドキャストやオーディオブックを試してみよう。私たちが話を聞いた起業家の少なくとも12人が、「通勤、料理、運動中の時間を活用するのが最良の方法」だと言っていた。

ポッドキャストは、自己啓発からニュース、カルチャーまで、多種多様なテーマを網羅していて、何が良いかというと、ラジオとは違って「自分が聴きたい内容」を選べることだ。

大きく成功している人すべてに共通するのは、知識に対する絶え間ない渇望と無限の好奇心を持っていることだ。ウォーレン・バフェットは80％の時間を読書に費やしていると話し、ビル・ゲイツは年間50冊以上の本を読み、イーロン・マスクはロケットの組み立て方を「本を読むだけで学んだ」と言っている。

かつてアメリカ大統領ハリー・S・トルーマンが言ったように、「すべての本読みは指導者ではないが、すべての指導者は本読み」なのだ。

■効率的に「覚える」

日々、とんでもない時間を費やしてしまう可能性があるのが、「頭の中に入っているはずの記憶を引っ張りだしてくる」という作業だ。

情報のリスト（買い物、訪れたいスポット、スピーチ原稿など）や番号（住所、クレジットカード番号、社会保険番号、知り合いの誕生日など）……。これらを、全部覚えることができたらどうだろう。

記憶力が悪い？　それは言い訳にすぎない。

記憶力は、生まれつきの才能ではなく、学校で習う科目のように、**いくつかの技術を習得することで身につけることができる**のだ。高校や大学の教育課程に入れてほしいぐらいである。

買い物リストや電話番号など、関連性のないランダムな事柄を覚えるときに、短期記憶は頼りにならない。**短期記憶が保持できるのは平均して18秒間であり、覚えられるのは5**

〜9個までだ。

情報を永久に記憶したいなら、長期記憶を使わなければならない。

ここでは、少しの練習で大きく役立つ（そして友人や同僚に好印象を与える）テクニックを紹介する。

▼頭の中に「空間」を浮かべる

このテクニックは古代からある方法で、非常に効果が高いので、現代でも使われている（とくに記憶力を競う「メモリーアスリート」たちの間で）。

昔の演説者は、プリンターやプロンプターを使うことができなかったので、スピーチの要点を覚えるために、**「記憶の宮殿」**と呼ばれるテクニックを使った。やり方はシンプルだ。アパートや子どもの頃の家など、よく知っている空間を頭の中で移動しながら、知っている場所に、記憶したい情報を思い出させるイメージを配置していくのだ。

なぜ効果があるのか？　このテクニックが、人間の脳の特殊性に基づいているためだ。人間は、進化と共に広大な空間記憶を発達させてきた。生き延びるためには、敵の多い環境で自分の進む方向を見定める能力が必要だったからだ。

実際に試してみよう。あなたが覚えなければならない買い物リストは次のとおり――歯磨き粉、牛乳、シリアル、ペーパータオル、石鹸だ。では、ニューヨークの自由の女神を想像してみよう。

リーベルタース（そう、ローマ神話の自由の女神の名前だ）の顔を見ると、笑っていない顔が、歯を見せる笑顔に変わる。歯がとても白いのは、特殊な「歯磨き粉」のおかげだ。外は暑く、リーベルタースの王冠はニューヨークに降り注ぐ太陽の光を遮断できないので、王冠の上に「ペーパータオル」を何枚か重ねることで、熱波を防いでいる。

今度は、上に伸ばした右腕を見上げる。リーベルタースは、空から落ちてくる「シリアル」をトーチで焼いて楽しんでいる。ゆっくりと視線を下げ、もう一方の手を見ると、その手は、「石鹸」をしっかりと支えるために水平になっている。それはオリーブオイルの香りのマルセイユ石鹸で、香りがあなたの鼻孔をくすぐる。

最後に見下ろすと、像の台座がなくなっていて、リーベルタースの足は「牛乳」が入ったプールの中につかっている。

ここで、最初に戻って、自由の女神をもう一度想像して、買い物リストの5つのアイテムを思い浮かべながら、記憶の旅を再現する。以上で完了だ。

▼「感覚」を使う

空間の視覚化に加えて、色、動き、匂い、さらにはマンハッタンの夏の暑さまで追加したことに気づいただろうか？

これは「共感覚」と呼ばれるもので、**いくつかの感覚を組み合わせると、物ごとをより効果的に記憶できる**という神経学的現象である。また、**イメージが奇妙であればあるほど、覚えやすくなる。**

このテクニックは無限に使うことができ、たとえば、あなたの家に置かれたアイテムをプレゼンテーションのテーマに関連付けることで、話の要点を覚えることができる。情報を一時的に保存する場合は、同じ場所を何度でも再利用できる。

しかし、何かを永久に記憶したいなら、頭が混乱しないように、その情報のためだけの「記憶の宮殿」を用意しよう。

■効率的に「暗算」する

暗算のテクニックを習得すると、カッコよく見えるだけでなく、時間を節約し、桁違いにすばやく計算して決定することができる。

数学の天才でなくても暗算はできる。ただし、いくつかトリックを学ぶことが必要だ。以下に、とくにお勧めのトリックを4つ紹介する。

▼Xの15%は?

【問題①】
レストランのチップ15%(または20%)の金額を計算したい

【暗算のトリック①】
15%が10%＋5%であることを利用しよう。**請求書の10%を計算し、その数の半分の金額を、元の10%に追加**すればいい。

・たとえば、レストランの請求額が50ドルで、15%のチップを置きたいとする。50ドルの10%を計算することから始めると、5ドルになる(簡単!)。その半分の金額は2・5ドルで、これは請求書の5%だ。2つの数値を足せば、チップの金額が出てくる。5＋2・5＝7・5ドルだ。したがって、合計の支払い額は57・5ドル(50＋7・5)。小銭が増えないように、58ドルに切り上げてもいいだろう。

・20％のチップを払いたい場合は、20％を「10％×2」と考えよう。

請求額が同じ50ドルなら、10％は5ドル。その金額の2倍は10ドルだ。これが支払うチップの額である。

▼瞬時に「割り勘」する

【問題②】

レストランの支払いを割り勘にしたい

【暗算のトリック②】

チップを加算できたので、今度は請求額を割り勘にする方法が知りたい。

・4人の場合

4人で割り勘するとしよう。請求額を分割する最も簡単な方法は、**その金額を半分に減らし、もう一度半分にする**ことだ。チップを含めた合計金額が58ドルだったことを覚えているだろうか？　まずは58ドルを半分にする。29ドルだ。今度は29ドルを半分にする。

さあできた、1人当たりの金額は14・5ドルだ。

・5人の場合

5で割ることは、**2を掛けてから10で割るのと同じ**ことだ（最初に10で割ってから2を掛けてもいい）。支払いが58ドルの場合、その数を2倍にすると116になる。次に、その金額を10で割ると、11・6ドルだ。

3人、6人、7人のグループの場合は、申し訳ないが、私たちにお伝えできるトリックはない。

頭の中で計算をするか、スマートフォンの電卓を使うか、友達に頼ろう。

▼「XのY％」は「YのX％」

【問題③】

YのX％を計算する

【暗算のトリック③】

たとえば50ドルの合計金額に6％の付加価値税（VAT）を加えた額を計算したい場合。50の6％を計算するのは難しく思えるかもしれないが、ちょっとしたトリックがある。**50の6％は6の50％と同じ**なのだ。すると突然、「3」という数字が明確になる。覚えておくのはただ1つ、**「YのX％はXのY％と同じ」**ということだ。

別の例を示そう。頭の中で80の4％を計算するときは、数字を入れ替えて4の80％を計算すればいい。そのほうがはるかに簡単にできる。

▼「当て推量」で正しく見積もる

【問題④】

大まかな見積もり

【暗算のトリック④】

学校では、数学の問題に正確な答えを出すように教えられてきたが、実際には、大まかな見積もりを出すほうがはるかに便利なことが多い。これがあたりをつけながら計算をする**「当て推量」**である。

ここでは、簡単に足し算で当て推量をする（およその見積もりを出す）コツを紹介する。

食料品の買い物をしていて、価格が10・2ドル、5・1ドル、23・8ドルの3つのアイテムの合計金額を見積もる場合は、**小数点以下を考えずに整数だけを合計する。**

この例では、10＋5＋23で38ドルだ。これで食料品の合計金額についての大まかな数字がわかった。

また、小数点以下を切り捨てたために、合計金額を平均1・5ドル少なく見積もっていることがわかる。

当て推量の精度を上げたい場合は、最初の推定値38ドルに1・5ドルを足して、39・5ドルにすることができる。この数値は、正確な金額39・1ドルに近いものになっている。

■「ショートカット」する

画面上でカーソルをドラッグしてリンクをクリックする時間で、キーボードのショートカットを3回か4回使うことができる。

あなたがグラフィックアーティストや、画像編集ソフトをメインで扱う建築家でない限り、マウスはできるだけ使わないようにしよう。どれほどのことがマウスなしでできるかが、すぐにわかるはずだ（投資銀行では、新入社員に初日からマウスなしで作業することを奨励している）。

キーボードのショートカットキーの習得に時間をかけることは、最も効果的な時間投資の1つだ。巻末に、毎日の作業に取り入れるのにお勧めの主要なショートカットを掲載したので、参考にしてほしい（巻末付録「メガ起業家に聞いた使えるショートカットキー」）。

大前提としてMacユーザーの人は、コピーは「⌘＋C」、ペーストは「⌘＋V」は絶対覚えておいて損はない（Windowsなら、コピーは「Ctrl＋C」、ペーストは「Ctrl＋V」）。

▼「時間」を戻すキー

ミスを怖がると、スピードを緩めてしまう傾向がある。

たとえば、おかしな箇所がないかと、書いたメールを何度も読み返してしまうような場合だ。

速く進むために、**「時間を戻す」方法**を覚えておこう。

・Gmailでは、特定の期間（5、10、20、30秒）以内にメールの送信を取り消すことができる。やり方は、「設定」メニューの「送信取り消し」オプションを有効にするだけ。できるだけ長い送信の先送り（30秒）を選択することをお勧めする。それくらい遅れても、受信者にさほど影響を与えないはずだ。

・直前の操作を取り消すための定番のショートカットが、「⌘＋Z」（Mac）か「Ctrl＋Z」（Windows）だ。

もう1つの便利なショートカットは「⌘＋Shift＋T」（Mac）か「Ctrl＋Shift＋T」（Windows）で、誤って閉じたタブを再び開くことができる。

■もっと速く「ファイル」を探す

リアルな生活の中で、モノを整理する最良の方法は、探しやすくすることだ。たとえば、レコード盤のコレクションをきちんと管理したい場合は、アルファベット順またはジャンル別に整理する。

デジタルの世界では、このタイプの整理を行うには相当の時間がかかる。ところが、最新の検索機能は非常に有能なので、必要なファイルを1秒未満で見つけることができる。だから検索をかけるほうが、そもそもどこに片づけたかを思い出すよりもはるかに優れたやり方なのだ。

次は、検索をできる限り効率的に行うためのアドバイスだ。

▼「日付」で始まるファイル名は見つけやすい

ＭａｃのFinderやＷｉｎｄｏｗｓのExplorerを使って手動で検索することは、もう忘れよう。探しているファイルを最速で見つける方法は、「インスタント検索システム」を使うことだ。最初のいくつかの文字を入力して、Enterキーを押せばいい。

〈お勧めの「インスタント検索システム」〉

・Ｍａｃの場合、お勧めの選択肢は２つ。「Spotlight」（プリインストール）または「Alfred」（後述）である。どちらも**「⌘＋スペースバー」のショートカットで開くことができる。**

・Ｗｉｎｄｏｗｓでは「Ｗｉｎｄｏｗｓ＋Ｓ」のショートカットから「Cortana」の検索機能を使うか、もう少しカスタマイズ可能なものを探しているなら超高速検索機能「Wox」を試してみよう。

もちろん、検索が正しく機能するためには、最初にファイルに適切な名前を付ける必要がある。理想的なやり方は、**日付（年月日）から始めて、その後にキーワードを入れること。**たとえば、「20181201_Draft_Productivity.pdf」といった具合だ。これにより、ファイルが時系列で一覧表示され、後で見つけやすくなる。

唯一の例外は、古いバージョンのドキュメントが自動的に置き換えられるGoogleドライブだ。

▼「文字」でアプリを見つける

Macのドックから、またはWindowsの「スタート」メニューからマウスを使ってアプリケーションを選択するのは、時間の無駄だ。キーボードのほうが、常にカーソルよりも速い。

探しているものを見つける最も簡単な方法は、「アプリケーションランチャー」を使うことだ。アプリ名の最初の数文字を、Macの場合はSpotlightまたはAlfredに入力し、Windowsの場合はCortanaかWoxのいずれかに入力するだけでいい。

スマートフォンも同様だ。アプリを探して画面から画面へとスクロールする時間を無駄にするのはやめよう。iPhoneでは、ホーム画面を下にスワイプするだけで検索バーにアクセスでき、Androidのデバイスでは、探しているアプリの最初の数文字をホーム画面のGoogle検索バーに入力するだけだ。

▼2アプリを「1画面」に表示する

データをコピーしている場合など、画面を切り替える必要があるときは、キーボードショートカットの「Alt＋Tab」（Ｗｉｎｄｏｗｓ）または「⌘＋Tab」（Ｍａｃ）を使うことができる。

画面に同時に2つのアプリを出したいときもある――1つは右側に、もう1つは左側に。これは、ドラッグ・アンド・ドロップをするときや、2つのドキュメントを比較するときに非常に便利だ。方法は次のとおり。

・Ｗｉｎｄｏｗｓは、その名前が示すように、ウィンドウの管理に関しては最前線にある。分割画面モードで作業するには、ウィンドウを画面の端にドラッグする。たとえば、ウィンドウを左にドラッグすると、自動的に左半分に収まる。上にドラッグすると、再び全画面表示になる。

・Ｍａｃでは、ウィンドウの左上隅にある緑色のボタンを数秒間押して「画面左（右）側にタイル表示」を選択した後、別のウィンドウをクリックすると、2つを並べて表示できる。

▼「メール」の最も効率のいい探し方

Gmailユーザーは、世界で最もパワフルで正確な検索エンジンを利用するメリットを得られるため、ほとんどの場合、適切に選択した数個のキーワードを使って、探したいメールを見つけることができる。

ただし、時には詳細検索が必要になるかもしれない。そんなときは、次のような検索を試してみよう。

- 送信者と件名で検索：「from:paul.chef@gmail.com subject:リブアイステーキ」
- 送信者と受信者で検索：「from:paul.chef@gmail.com to:me」
- 「-(半角ハイフン)」を使って、検索から単語を除外する
- 「has:attachment」と入力して、添付ファイルを含むメールを探す

Outlookの高度な検索も、非常によく似ている。時間を投資していくと、すぐに成果が得られるはずだ。

メールを作成するときは、後で簡単に見つけられるように、**具体的なキーワードを入れ**

た件名をつけることをお勧めする。

Column

Alfred――生産性の「最強戦士」

「Alfred」は独立したコラムを設ける価値のあるアプリだ。

何人かの起業家は、1日に100回以上使うと話していた。Windowsユーザーには申し訳ないが、Alfredは現在Macでのみ利用可能で、Windows用の同等のアプリはまだ見つかっていない。このコラムは飛ばしてもらってもかまわない。

Alfredは、アンドリューとベロ・ペパレルという英国人夫婦によって2010年に作成され、2人の努力によって、年々改良が重ねられている。そのため、真の最強アプリであり、日々を侵食しイライラさせる細かい作業の時間を大幅に節約してくれる。

これを考えると、25ドル（1年ごとの料金ではなく1回限りの支払い）は取るに足らない金額だ。

Alfredの人気機能の一部を紹介する。

①「インスタント検索」ができる

Macでは、Alfred が Spotlight 検索を引き継ぐことができる。Spotlight と同様に、⌘＋スペースバーを押して、検索したいことの最初の数文字を入力する。

Spotlight より Alfred が優れている点は、**過去に開いた頻度に従って結果に優先順位をつけてくれる**ことだ。つまり、ほとんどの場合、最初の2文字か3文字を入力するだけで、必要なものを正確に引き出してくれるというわけだ。

②「a」でアマゾン検索できる

Amazon で『The Extra Hour［原書タイトル］』の本を見つけるには、通常、次の４つの手順を実行しなければならない。

1. ウェブブラウザを開く
2. 新しいタブを開く
3. Amazon.com にアクセスする
4. 『The Extra Hour』を検索する

Alfredを使うと、検索バー（⌘＋スペースバー）から任意のサイトを直接検索できる。「a」をAmazon.comのキーボードショートカットとして設定すると、プロセス全体を次のような簡単な1ステップに減らすことができる。

1. Alfredの検索バーに「a The Extra Hour」と入力する

その他の例：

- 「g The Extra Hour」→Googleを開き、『The Extra Hour』を検索する
- 「i The Extra Hour」→Google画像を開き、『The Extra Hour』を検索する
- 「wiki The Extra Hour」→ウィキペディアを開き、『The Extra Hour』を検索する
- 「m セントラルパーク、ニューヨーク」→Googleマップを開き、ニューヨークのセントラルパークを検索する
- 「t ananas」→WordReference（またはGoogle翻訳）を開き、「ananas」を英語に翻訳する（ちなみに「ananas」は「パイナップル」のフランス語）
- 「y Casey Neistat」→YouTubeを開き、「Casey Neistat」を検索する

選択は基本的に無制限だ。Alfredは、検索エンジンを含むどんなサイトでも設定できる。

③代わりに「入力」してくれる

この機能を使えば、何百時間も節約できる可能性がある。Alfredには、「もっと速く書く」の項で説明したものと同様のテキストエキスパンダーが組み込まれている。

基本的に、セットフレーズとそれに対応するショートカット（オフィスの住所の「：addr」など）を定義すれば、どこに入力しても、残りはAlfredが入力してくれる。

④「クリップボード」に過去のコピーが保存される

人生が変わることが想像できない機能の1つだが、いったん使いはじめると、もう後戻りできなくなる。

何かを貼り付けようとしたときに、その前に別の何かをコピーしていたことに気がついた、ということはないだろうか。Alfredを使うと、⌘＋option＋Vのようなショートカットを入力するだけで、過去1週間にコピー／貼り付けしたすべてのテキストを引き出すことができる。0・5秒で問題が解決するのだ。

■「ウェブサイト」を速く、的確に検索する

Googleのアドバンスド・サーチ（高度な検索機能）も抜群に使える。

・引用符（〝〟）をつけると、完全に一致するフレーズ検索ができる。例「〝時間を節約してもっと楽しむ〟」

・「site:」をつけると、特定のウェブサイト内を検索できる。例「site:youtube.com TEDトーク　時間節約のヒント　ベスト10」

・「filetype:」をつけると、特定のタイプのファイルを検索できる。例「filetype:pdf」

・「or」をつけると、複合検索ができる。例「加速 or 生産性」

Column

生産性オタクのメガ起業家たちが「これなしでいられない」デジタルツール

・返送が必要な契約書や書類が送られてきたときに、印刷して、署名をして、スキャンして送り返す、という作業に時間を無駄遣いするのはやめよう。「Acrobat Reader」またはMac用プレビューでドキュメントを開いて、署名を挿入すればいい（前もって、ドキュメントの画像をデジタル化しておく必要がある。パソコン、もしくはスマートフォンの内蔵

カメラで問題なく処理できるだろう)。もちろん、「DocuSign」などのプラットフォーム経由で書類を受け取った場合は、こういった手順は不要だ。

・スキャナーはもういらない。「iScanner」(iOSとAndroid)などのアプリで、スマートフォンをモバイルスキャナーとして使うことができる。また、現在スマートフォンに標準で搭載されていることが多い(AndroidのGoogleドライブやiPhoneのメモアプリ)。

・GoogleやAmazonの結果を見るときに「次へ」をクリックして時間を無駄に使っているなら、「AutoPagerize」を使うと問題は解決する。多数のページがあるサイトを1ページのスクロール可能な状態に変換してくれるのだ。

・Chromeの拡張機能の「OneTab」を使うと、ワンクリックですべてのタブを閉じることも、またたくさんのタブを1つのグループにまとめることも可能になる。これを使って、特定のグループのタブだけ(例:アクティブなタブの右側にあるすべてのタブ)を閉じることも可能だ。

・Mac用の「Paste」は、コピー／貼り付けの履歴全体を保存するという、クリップボードに革命を起こすアプリだ。「ClipClip」はWindows用の同等のアプリだ。

・Gmail、メッセンジャー、Slack、スカイプ――最初に何をチェックすればいい？　アプリ管理ツール「Rambox」を使えば、答えは簡単だ、すべてを一度にチェックできる。これは、すべてのメッセージを1つのインターフェイスにまとめる素晴らしいアプリだ。

・厳密にはデジタルツールではないが、仕切りのないオフィス空間で集中力を保ち続けるには、ノイズキャンセリングヘッドフォンが頼れる相棒になってくれる。

■ムダのない「会議」

ほとんどの従業員は、かなりの時間を会議に費やしている。正確な割合は社内での役割によって異なるが、大まかにいえば、若手レベルの従業員は20%、トップレベルの従業員は80%だ。

そして、会議を心から楽しんでいる人はほぼいない。常に不満に思っている。それも当然だ。時間が長すぎるし、回数が多すぎるし、ほとんどの場合は時間の無駄遣いになっているからだ。

会議を開く前に、本当に必要かどうか自問しよう。経済学者で社会理論家のトーマス・ソウェルの言葉を引用すると、「**生産性が最も低い人々はたいてい、会議を開くことに最も賛成する人々である**」。会議は、次のいずれかの目的を果たすべきだ。

1. 複数の参加者の意見と同意を必要とする決定を行う
2. ブレインストーミング
3. 難しい決定を下す／伝達する
4. 新しいプロジェクトや状況報告によって、人を興奮させ、喜ばせる

それ以外の場合においては、ほとんどすべて、メールを1通送れば事足りる。

会議のルール

0 遅延

1 スクリーン

2 ピザ

3 0分

それでも、どうしても会議を開かなければならない人のために、起業家たちからのアドバイスを紹介したい。

▼ルール0　遅れるくらいなら早く行く

会議は午前9時からなのに、プロジェクトリーダーはコーヒーを買いに外に出てしまって、9時5分まで現れない。マーケティングマネジャーは重要なメールを終わらせる必要があり、「10分ほど」かかる。ようやく会議が始まるが、プロジェクトリーダーはプロジェクターに合うケーブルを持っていないことに気づき、新しいものを探しに出てしまう。ようやく本当に始まったとき、すでに9時15分になっていた……。

どこかで聞いたような話ではないだろうか？　確かにたった15分だが、テーブルに集まった6人分の15分であり、会社にとって、この遅れは15分×6人、つまり90分の時間の損失をもたらすことになる。

これは、ハーバードビジネスレビューが公開しているミーティングコスト計算ツールによる試算だ。

この問題については、予定された時間に確実に会議を始めるよりも適切な解決策はない。失われた時間は、出席者の数で乗算される。だから、**あなたが会議の主催者なら、技術的な問題に対処する予備の時間も含めて、必ず15分前には会場にいるようにしよう。**1人が15分を失うほうが、チーム全体が90分を失うよりも合理的だ。

遅刻する人がいるのが問題なら、ある起業家の提案を使って解決してみるのもいいだろう。全員がそろったところで、時間どおりに来るのが難しい人に対応するために、毎週会うのにもっと都合のよい時間を決めることを提案するのだ。**99%の確率で、出席者は今のままで問題ないと答え、翌週には時間どおりに到着しようとするだろう。**

▼ルール1　「スクリーン」を真ん中に集める

会議の最大の敵は、スマートフォンとノートパソコンだ。

これに対処するには、全員のスマートフォンをテーブルの中央に集め、ノートパソコンは閉じるという厳格なルールを設けることをお勧めする。

▼ルール2　人は「ピザ2枚」まで

アマゾンの創設者ジェフ・ベゾスは、「ピザ2枚のルール」を思いついた。基本的に、会議に2枚を超えるピザが必要な場合は、人数が多すぎるのだ。

そこで会議の参加者を最大6人にする——ピザが好物の場合は4人だ。会議が終わってから、議事録をほかのチームメンバーとメールで詳しく共有すればいい。

このやり方がアマゾンで機能するのなら、あなたの職場で機能しない理由はない。

▼ルール3 「30分」未満で

「パーキンソンの法則」をご存じだろうか。**「仕事の量は、完成のために与えられた時間をすべて満たすまで膨張する」**というものだ。

これは、著者のシリル・パーキンソンが1950年代にイギリスの官僚制について言及したものだが、パーキンソンの法則は、ビジネス会議にも同じように当てはまる。

カレンダーがデフォルトで1時間の枠を提案するからといって、会議が1時間である必要はない。ほとんどの場合、決定を下すのには30分の会議で十分だ。15分以下ですみそうな会議なら、座らずハイテーブルの周りに立つのも効果的だ。立っていると、冗長な議論を避ける傾向にある。

とはいえ、会議を効果的に行うには、そもそも議題を明確にすべきであることを肝に銘じておこう。料理と同じで、レシピが正しくないと、どんな方法で作ってもうまくいかない。

次に、役に立つ経験則をいくつか紹介する。

・会議の冒頭に議題を読み上げて、全員に目的をしっかりと把握させる。案内状に議題を書いておくと、なおいいだろう。明確な目的のない会議は、映画『ロード・オブ・ザ・リング』の3作目のようなもの——永遠に続くように感じられる。

・話し合いの要点を全体的な目標に結びつける。「顧客サービスについて話し合う」のではなく、「来年にかけて顧客サービスをどのように改善できるだろうか？」と目標を立てるのだ。これにより、いくつかの具体的な決定を下して会議を終わる必要性が生じる。

・**最初に扱いやすい案件に取りかかり、複雑な話し合いは後に取っておく**。さもないと、時間とエネルギーの両方が不足する危険がある。次ページの図のように、クリエイティブなブレインストーミングは最後に取っておくのが最善策だ。

・トピックから外れた余談を避けるために、アイデアを提案する箱を設けたり、紙やホワイトボードに書き込んだりしていったん退避させる（これを一部の企業では「パーキングロット（駐車場）」と呼んでいる）。そうすることで、話し合いを目の前のタスクに集中させることができる。

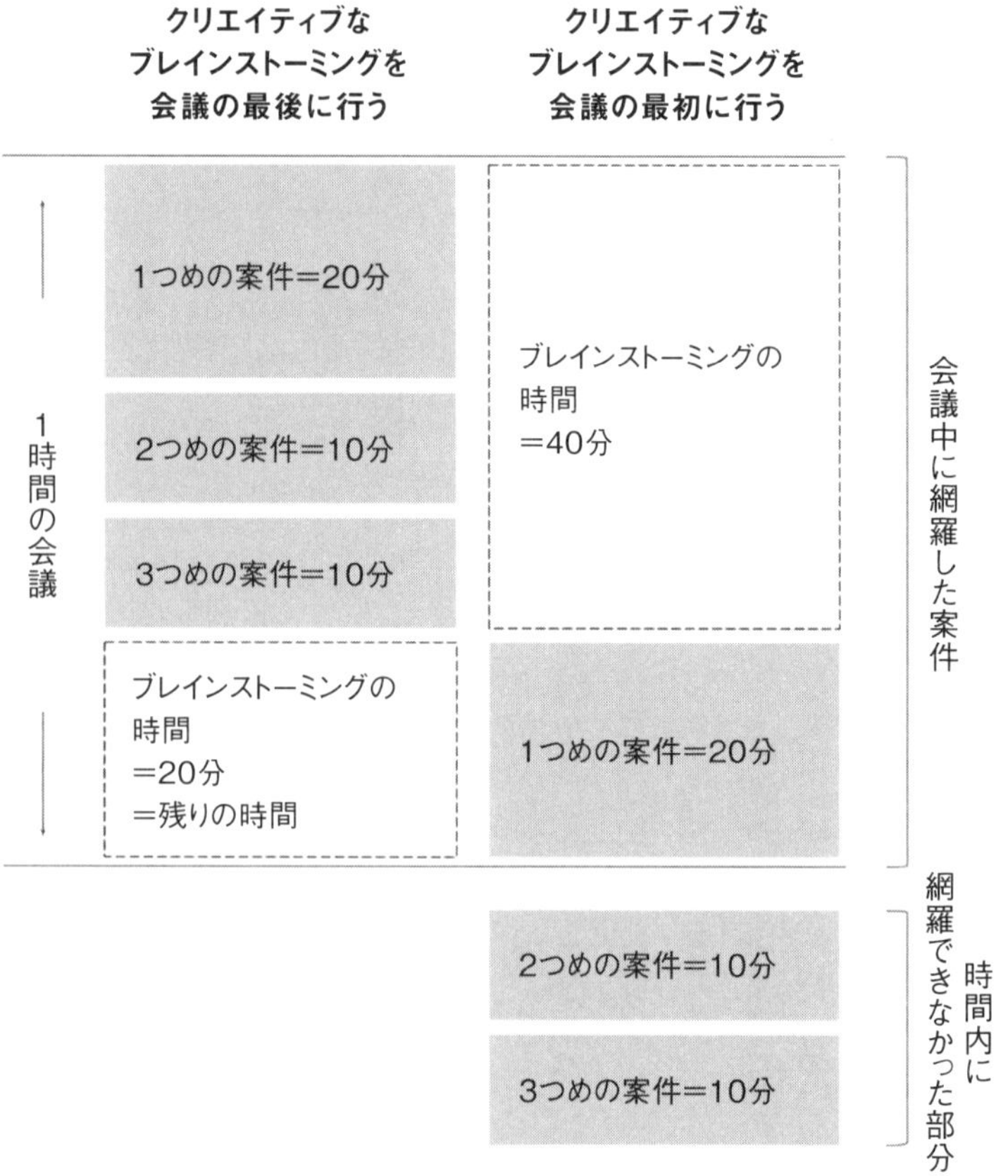
クリエイティブな
ブレインストーミングを
会議の最後に行う
クリエイティブな
ブレインストーミングを
会議の最初に行う
1時間の会議
1つめの案件＝20分
2つめの案件＝10分
3つめの案件＝10分
ブレインストーミングの
時間
＝20分
＝残りの時間
ブレインストーミングの
時間
＝40分
1つめの案件＝20分
2つめの案件＝10分
3つめの案件＝10分
会議中に網羅した案件
網羅できなかった部分
時間内に

・会議の終わりまでに、目的が達成され、決定が下され、参加者ごとに次にやること（および期限）が明確に定められていなければならない。会議後は、すべての内容を3～4行の文章に要約する。1枚にたっぷり書かれた議事録は必要ない。

「20」の努力で「80」の結果を生む――Twenty/Eighty Rule

19世紀後半、イタリアの経済学者ヴィルフレド・パレートは、イギリスの地主の20％が国の富の80％を所有していることを見出した。このパターンは、地理だけでなく歴史も超越していることが判明し、彼は、富の分配に関する普遍的な法則の発見者となった（現在は「パレートの法則」と呼ばれている）。

数十年後、この法則は経済の別の領域にも適用できることが証明された。売上の80％は20％の顧客のものであり、工場の生産問題の80％は20％の機械によるもの、といった具合だ。当然ながら、比率は70／30から90／10まで、わずかに変動する可能性がある――しかし、概念はつかんでもらえるだろう。

ありがたいことに、この理論は日常生活にも当てはまる。影響の80％が20％の原因によって生み出されるなら、**努力のほとんどをその20％に集中させる必要がある**ということだ。

これは、「どんなに熱心に努力しても見返りは同じで、すべての顧客が同じ価値をもたらし、プロジェクトに費やされた日々が同じ結果を生み出す」という一般的な考えを完全に覆すものだ。

このことに気づけば、仕事のやり方を大きく変えることができる。**実際に影響を与える20％に集中するために、価値の低い80％のタスクを捨ててもいい**という考え方だ。

実行例を挙げよう。

・2つの問題が成績の80％を占める試験を受けるときは、残りを無視して、2問に時間をかけてできるだけうまく解答することに専念する。

・新興企業を経営しているなら、20％の労力をかけて80％機能する製品を市場に投入する。そうすることで、最初の顧客からフィードバックを得て、微調整を始めることができる。時間の80％を費やして、かっこいいが本質的でない機能をひねり出そうとしてはいけない。LinkedIn創設者のリード・ホフマンは、**「製品の最初のバージョンを恥ずかしく思わないなら、発売が遅すぎたということだ」**と述べている。

・レポートを作成したり、プレゼンテーションをまとめたりするときは、聞き手に最も影響を与える20％に焦点を当てる。たとえば、**あなたの主張の1つがとりわけ受け入れられやすいとわかっている場合は、その1点を中心にレポートやプレゼンテーションを作成し、残りは切り捨ててしまっていい。**完璧である必要はない。あなたは仕事を成し遂げさえすればいいのだ。重要ではない細部を微調整するよりも、やるべきことはたくさんある。

■「タイムリミット」を決める

もちろん実際には、もっとやれるという認識があるときに、どこでやめるかを判断するのは難しい。

そこで、強制的に決定を下すために**「非現実的な締め切り」**を設定しよう。最初に書いたように、私たちは、この本の初稿を書くために、週末を一度しか使わないと決めた。制約があることで、必須事項に集中するしかなくなり、細部に迷うことがなくなったのだ。

複雑なビジネスの提案書を作成するときは、1時間という制限時間を設けて、時間が来たら顧客に送信すると決めてみよう。問題の核心を突く自分の能力に驚かされることだろう。

「完了」は「完璧」よりも優れているのだ。

第3章のまとめ

「加速」のToDoリスト

実行スピードを加速する方法は次のとおり。

☑十分な「休憩」を取る。ランチ休憩をしっかり取ることに罪悪感を持つ必要はない。休憩は、仕事を休んだりダラダラしたりするだけの時間ではなく、効率と創造性を向上させるために欠かせない基本的欲求である。

☑「運動」する時間を作り、「食事」について考える。食べるものはエネルギーレベルに大きな影響を与える。

☑スケジュールを「体内時計」に合わせる。朝型の人は、会議を午後に移動して、午前中は付加価値の高い作業に集中する。

☑2回以上くり返して行うアクションは、「自動化」を試みる。あらゆる定型文とパスワードを自動入力するアプリをダウンロードすることから始めよう。

☑書くよりも話すほうが常に速い。「音声認識」を使ってテキストメッセージを書いてみよう。

☑目の前にパソコンがあるときは、スマートフォンを使わない。スマートフォンはパソコンよりもパワーが少なく、速度が遅く、使い勝手が悪い。

☑キーボードで効率的に入力する方法を学ぶ。1分当たりの入力が30ワード未満の人は、改善の余地がある。

☑入力を簡略化する「テキストエキスパンダー」アプリを使って、定型文や情報を特定のショートカットに割り当てる。ハッカーよりも速く入力できるかもしれない。

☑キーボードの「ショートカット」を覚えることに時間を投資しよう。人生で最も価値のある投資の1つになるかもしれない。

☑保存したフォルダを参照して、ファイルやメールを検索するのはやめる。最初の数文字を入力するだけですむ「インスタント検索システム」を使おう。

☑「遅延0、スクリーン1、ピザ2枚、最大30分」のルールを使って、会議をスピードアップする。

☑「非現実的な期限」を設定して、20／80ルールを実践する。完了は完璧よりも優れている。

結論　「労働時間」を変えてしまおう

この本のアドバイスを取り入れた人は、毎日数時間の余裕ができたことに気づくだろう。この時間をどう使うかは、あなた次第だ。

生産性の向上によって得た利益は、2つのうちのいずれかに変換することができる――「お金」か「時間」だ。

■幸福を感じる年収には「ピーク」がある

・オプション1：生産性の向上を「経済的利益」に換える。現状を継続することを選び、生活様式を変える行動に出ない場合は、自動的にこのオプションを選択することになる。仕事量は割り当てられた時間に合わせて拡大し、やれることが多くなり、事業がスピーディに成長し、昇進が早くなる……これは本質的に、産業革命以来の人類が追求してきたオプションだ（そして消費主義の生活様式である）。

これまでの歴史の中で、人間は途方もない生産性の進歩を、仕事を減らすためではなく、稼ぎと消費を増やすために使ってきたのだ。


「より良い暮らし」を望まない人などいるだろうか？

収入が増えるということは、より良いもの、より良い休暇などに費やす「現金」が増えるということだ。そしてもちろん、そのすべてがあなたを「幸せ」にする。

少なくとも、そうなることが想定されていた。

ところが、幸せの問題は複雑であることが判明した。**「年収7万5000ドルが幸福のピークである」**という結論を導き出した大規模な研究について、聞いたことがあるだろうか。

人の幸福に対する主観的な認識と収入の関連性を調べたのが、ノーベル賞を受賞した経済学者アンガス・ディートンとダニエル・カーネマンである。彼らは2009年1月から12月の間に、45万人に次の質問をした。

「1から10のスケールで、10が最高の人生を表すとして、現時点の自分はどの位置にいると個人的に感じますか？」

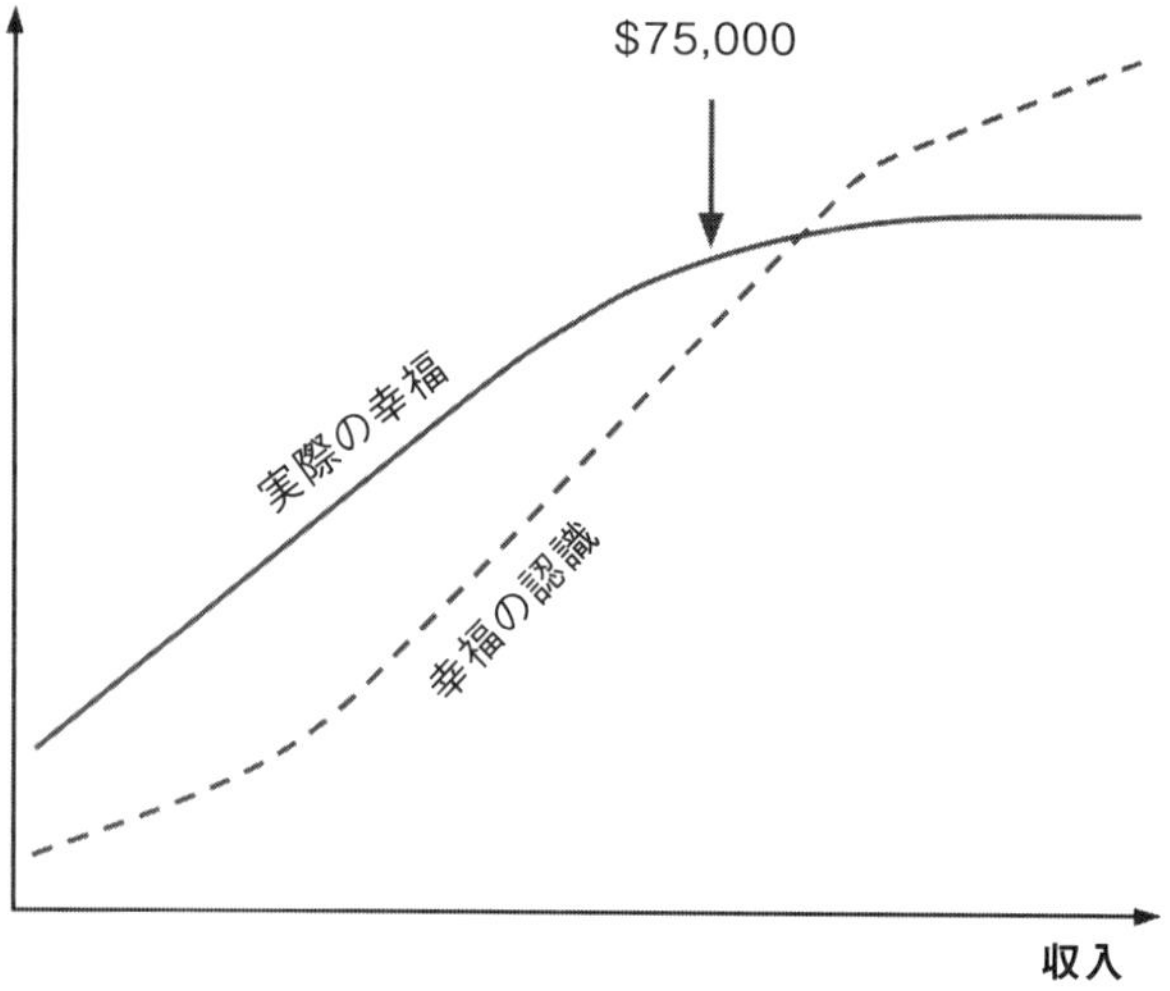

すると、幸福感についての主観的な認識は、実際に富に比例して増加していることがわかった。たとえば、ロケットを宇宙に飛ばす仕事をしているイーロン・マスクは、平均よりも良い人生を送っていると感じているということだ。

しかし、実際の幸福を測定するために「昨日、たくさんの喜び／ストレス／怒りなどを経験しましたか？」「昨日はたくさん笑いましたか？」と質問すると、別の結果が顔を出した。年収約7万5000ドルで頭打ちになり、それ以上になると、個人的な幸福（最近の感情について質問することで測定した）は徐々に減っていくのだ。[14]

どうしてか？　たとえイーロン・マスクで

あっても、ストレスの影響を受けないわけではなく、友人や家族にほかの人より頻繁に会えるとは限らないからだ。

もちろん、この7万5000ドルという額は平均であり、すべての人に当てはまるわけではない。要点は、**幸せであるためには、おそらくあなたが思っているほど多くのお金を稼ぐ必要はない**ということだ。自分を大切にして、友達と楽しく飲んで、時々休暇を取るだけで十分なのだ。

もっと多く稼げば、高級スポーツカーを手に入れ、ファーストクラスで飛行機に乗り、豪華なホテルに宿泊できるかもしれないが、それだけでは本当の幸福を大幅に増やすことはできない。

■「余暇」をもっと大切に

幸いなことに、2つ目のオプションがある。**生産性を向上させたことで浮いた時間を自由時間に換えて、オフィスを早めに出るか、毎週1日休みを取るか、さらにはパートタイムで働く**ことだ。

北欧を含む一部のヨーロッパの国では、こうしたリズムで働くことが標準的と考えられている。ドイツで午後6時以降にオフィスを出ることは、組織が適切でないか、その人が仕事ができないことの表れだ。オランダの従業員の半数以上がパートタイムで働いている（大半は週4日）のは、家族と過ごす時間や、個人的なプロジェクトやボランティア活動の時間を増やすためだ。

仕事の価値について、歴史的な視点で考えてみるのも興味深い。**長年にわたって社会は仕事よりも余暇を重視してきた。**狩猟採集文化では、食料を探すために毎日数時間しか費やさなかったため、労働時間は私たちよりも大幅に短かった（週に20～30時間）。

古代ギリシャ時代には、仕事は奴隷制の一種であり、人間の尊厳を侮辱するものと見なされていた。人間は、何よりも余暇を通じて充実感を求めるべきだと考えられていたのだ。

同様にローマ人は、瞑想や読書、そして社会的・政治的野心を養うための時間である「オーティウム（otium）」を大切にした。

中世では、仕事は人間の原罪に対する神の罰と見なされていた。領主と騎士が、狩猟や馬上槍試合や勝ち抜き試合を好んだのは、高潔な活動だと見なされていたからだ。もちろん、農民や職人は長時間の厳しい労働に励んでいたが、当時は宗教的な祭りが多かったため、年に90日は楽に過ごすことができた。

さらに、当時はろうそくの明かりをつけて働くのは違法だったので、冬は短時間労働をする以外の選択肢がなかった。19世紀に入り、最初の産業革命を受けて物質的な利益が幸福の代名詞となり、ようやく私たちは仕事を良いものと見なしはじめたのだ。

死ぬ間際に「オフィスでもう少し時間を過ごしたかった」と言い残す人など、ひとりもいない。超生産的な仕事のやり方を習得してしまえば、「好きだからやりたいこと」に罪悪感を持たずに時間を使う権利が手に入る。

家族や友人と時間を過ごす、楽しいプロジェクトに取り組む、新しいことを学ぶ、ボランティアをする……こういったことが、必ずしもあなたをお金持ちにしてくれるわけではない。しかし、あなたが幸せになり、人として成長するのに役立ってくれるのは間違いない。

それに、こういった活動をすることで、可能性の種を蒔《ま》いていると考えてもいいだろう。いつか苗が育って、仕事のチャンスが実るかもしれない。

豊かな未来は、労働時間が少ない人のところにやって来る。

リソース

本書で紹介したツールのまとめと、要点をおさらいするためのチェックリストだ。推奨したツールやアプリは、すべて本心からお勧めするものであり、どこからも報酬をもらっていないことを約束する。

本書では、便利なツールを多数紹介しているが、現在、生産性を上げるツールは、この本を印刷するスピードよりも速く進化している。ここに書いたツールで見つからないものがあれば、おそらくそれは、さらに効率的なツールに置き換えられたか、名前が変更されたためだ。でも、がっかりしないでほしい。

私たちは最新版のツールのリストを www.extrahourbook.com/tools で随時更新している。

■「集中力」維持にうってつけのツール

▼気が散るのを防ぐツール

・Freedom（無料）：邪魔なサイトへのアクセスを指定した時間にブロックする。
・Gmail の Inbox When Ready ——受信トレイの一時停止機能（無料）：受信トレイを自動的に非表示にして、仕事を続け、新しいメールを書き、気が散ることなくアーカイブを検索できる。
・Unroll.me（無料）：数回のクリックで、すべてのニュースレターの購読を解除する。

▼後で使えるよう「ブックマーク」を付けるツール

・Pocket（無料）：時間ができたら探索したいすべてのウェブ記事とサイトを保存し、どのプラットフォームからでもアクセスできるようにする。

▼理想的な「環境」を作るツール

・Noisli（無料）：小川のせせらぎから小屋に降り注ぐ雷雨の音まで、数種類のサウンドスケープから選択して、集中しやすい環境を作る。

■ネットサーフィンを防ぐ「Chromeの拡張機能」

・AdBlock（無料）：広告とプレロール動画が自動的に読み込まれて検索エンジンの速度が落ちるのを防ぐ。

・Dashlane（ベーシック版は無料）：1つのマスターパスワードを覚えておくだけで、定型文や住所、銀行の口座番号、パスワードなどの自動入力を任せることができる。

・OneTab（無料）：開いているすべてのタブをワンクリックで閉じることによって、メモリスペースを解放できる。

・AutoPagerize（無料）：複数のページがあるウェブサイトを、効率的に閲覧できるように、自動的にスクロール可能な1ページに変換する。

■「Wi-Fi」が使えない時間を活用する

・Google Drive Offline（無料）：Googleドライブの設定でオフラインでのアクセスを有効にすると、飛行機に乗っているときやインターネットに接続できないときにGoogleドキュメント、スプレッドシート、スライドをオフラインモードで使うことができる。

■よくやる「手動タスク」を自動化する

・アプリケーションに互換性がある場合：Zapier（無料または有料のプロ版）、IFTTT、Integromat（基本プランは無料）。
・固有のアプリケーションを使用する場合：UiPath。
・ファイルの管理・整理：Hazel（Ｍａｃでのみ利用可能。1回限りの支払いで32ドル）またはDropIt（Ｗｉｎｄｏｗｓで無料で使える同等のアプリケーション）。

■「生活」を楽にする

・Alfred（Ｍａｃのみ。検索機能は無料、それ以外は1回限りの支払いで25ドル）：マウスを使わずにファイルの検索を実行したり、アプリケーションを開いたりできる。スニペット（くり返し入力の効率化）を使って入力の速度を上げたり、クリップボードにすばやくアクセスしたり、カスタムウェブ検索を使ってどんなサイトでも即座に検索を実行したりできる。
・10fastfingers：タイピング速度をテストする。その後、TypingClubで練習するとよい。
・CloudApp（ベーシック版は無料、フルバージョンは有料）：数回クリックするだけで、スクリーンショットやアニメーションGIFを作成し、注釈をつけ、共有できる。共有するには、メールに最適なハイパーテキストリンクを添付するだけでいい。

・Ｍａｃ用のPaste（無料）またはＷｉｎｄｏｗｓ用のClipClip（無料）：コピーと貼り付けの履歴を保存して簡単にアクセスできる。

・iScanner（iOSとAndroid）：スマートフォンであらゆるドキュメントをすばやく高品質にスキャンする。

・Rambox：メッセージ、チャット、メールのすべてのアプリを１つのインターフェイスにグループ化する。

■The Extra Hourのコミュニティに参加する

・フェイスブック：XHbook

・Twitter：@XHbook

・LinkedIn：XHbook

謝辞　インタビューに応えてくれた３００人以上の起業家と校正者の方へ

この本を完成させるために力をお借りした３００人以上の起業家の皆さまに感謝します。とりわけ次の方々への謝意を表します。

デイビッド・アダムチク、デヨラ・アデカンル、マキシム・アレ・エディンヌ、エマニュエル・アルキエ、ピエール＝カミーユ・アルトマン、オミド・アシュタリ、アビナブ・アスタナ、ケルビン・オー、マキシム・バルビエ、ジュリアン・バルビエ、トーマス・バレット、ダビッド・バリュシェル、ベンジャマン・ベリ、エマニュエル・ベルシエ、フォロラン・ベルテ、メアリー・ビギンズ、カミーユ・ブレーズ、エルベ・ブロック、アントワーヌ・ボルズ、ティオ・ボノウ、ダミアン・ベルジュソン、アレクス・ボルトロッティ、ディミトリ・ボシュ、アレクシス・ボタヤ、ブノワ・ブファール、エルベ・ブルドン、ダビッド・ブロー、エマニュエル・ブルマロ、オグスタン・ブイエ、セドリック・ボワイエ・シャンマール、スタン・ボワイエ、ガブリロ・ボゾヴィック、セバスチャン・ブランストロム、ウィリアム・ブラシエ、マイケル・ブレマー、アントワーヌ・ブルネル、シルヴァン・ブリソ、ローズ・ブルーム、ジョフレ・ブリュエール、スチュワート・バターフィールド、ジュリアン・カルド、ジェローム・カロ、セバスチャン・カミュ、デビッド・キャンセル、エミリオ・カペラ、ホリー・カルデュー、ルイ・カルル、セバスチャン・キャロン、アデリア・カリージョ、トム・カーター、フランク・コドリエ、ダミアン・カヴァイエ、トマ・セカルディ、ジャン＝デビド・シャンボルドン、ロマン・シャンプルリエ、リオネル・シュラキ、ジェレミ・クレダ、デイビッド・コーエン、ロマン・コタール、ジュリアン・クロー、グザビエ・ダムマン、オーレリ・ダングラ、ロバン・ドゾン、ギヨーム・ダビド、ケビン・デイビス、アブラハム・ドーソン、オーガスタン・ドゥ・ベロワ、ゴデフロワ・ドゥ・ベンツマン、カンタン・ドゥ・コロンビエール、ジャン・ドゥ・ロシュブロシャール、セドリック・ドゥ・サンレジェ、ルイ・ドゥ・ヴォーマ、セシリア・ドゥブリ、ジュリアン・ドゥクロワ、アドリアン・ドゥグーブ、フロリアン・ドゥリフエール、アレクス・デリベ、ティファニー・デパルデュー、マルク・デセンファン、フィリプ・デグランジュ、グレゴワル・ドゥブクー、ジェレミ・ドゥテ、アダム・ドレイパー、ヴァンサン・ドロメール、アントワーヌ・デュボワ＝ランデ、アレクシス・デュクロ、ショーン・ダフィー、フロリアン・デュパ、マニュテ・デュポン、ダニエル・エク、チボー・エルジエール、リアン・エヴァン、ジル・ファブル、アドリアン・ファルコン、マリ・ファロン、ドゥニ・ファヨル、ジョナタン・フェルビュフ、アントワーヌ・フェリエ＝バトネル、アシュリー・フィンチ、フロリアン・ファイン、エティエンヌ・フィシェール、シルヴィ・ブルーリー、ステファニ・フロランタン、ルシル・フォロニ、ティアゴ・フォルテ、ニコラ・フーシェ、バンジャマン・フーケ、ブルーノ・フリドランスキ、ジャン＝シャルル・ガベ、トマ・ガベル、アン＝チュアン・ガイ、ミシェル・ガリベール、クレイトン・ガードナー、アントワーヌ・ガルニエ、ジョシュア・ガートランド、アントワーヌ・ガスタル、セドリック・ゴタール、ファブリス・ゴーモン、オリヴィエ・ジェマイエル、アンセモス・ジョージアデス、ギヨーム・ジボー、グレゴワール・ジルベール、レイ・ギレンウォーター、キム・ジェルスタ、アリソン・ゴー、オリヴィエ・ゴドマン、タンギー・ゴレッティ、ミシェル・ゴトリブ、ジャンヌ・グランジェ、フランソワ・グラント、ニック・グレー、マット・グリーナー、オリヴィエ・グレミロン、トマ・ギロリ、ダニエル・ア、クリステン・ハディード、ローラン・エニ、マリ・アルデル、ヤン・アスコ、ブノワ・エディアール、エムリック・エノン、ショーン・ヘンリー、カルヴィン・ホフナー、ライアン・フーバー、タチアナ・ジャマ、バプティスト・ジャマン、ベンジャマン・ジャン、シリル・ジェシュア、カラン・ジュルダン、オリバー・ジャング、シルヴァン・カラシュ、ギル・カッツ、アン・カバナ、ロラン・ケネル、ルイ・ケルヴェイヤン、ヴァリチ・カルマンジャン、グラシエラ・キンケイド、ジェフレ・クレッツ、ケヴァン・ラボリ、ジェシカ・ラックス、カンタン・ラコワンタ、マルゴー・ラジュアニ、デイビッド・ラコフスキ、トーマス・ラング、マリ・ル・ルアルン、アントワーヌ・ルクレルク、トリスタン・ルグロ、スタニスラス・ルルー、アレクサンド・ルメテ、ファブリス・ルノーブル、ベン・レラー、アルノー・ランブール、クリス・ロプレスティ、リュド・ルイ、オーラ・ランド、マイ・リ・グエン＝テロー、リアナ・リン、ロビ・マクドネル、ゴーティエ・マシュロン、ティボー・マルクール、ニコラ・マルーヴル、ケビン・マモード、セドリック・マオ、ジャスティン・マレス、ハドリエン・マトリンゲ、オリヴィエ・モレル、ニコル・マッツァ、フレデリック・マッツェラ、メロディ・マックロスキー、ミシェル・マクガバン、クレア・マクタガート、トム・メンドーザ、ジュロアン・メルシエ、マガリ・メルメ、デビド・ミショー、マット・ミツキェヴィチ、ポール・ミディ、ジョルジュ・ミチェル、ヴァンサン・モアンドロ、ジリアン・モリス、アクセル・ムケ、トマ・モヤノ、マックス・マレン、フェリクス・ミュンドレール、ファブリス・ナジャリ、ヴィンセント・ナラタンビー、トマ・ナンテルム、クリス・ナルナトヴァニチ、ダイ・グエン、マルタン・オアネシアン、ドミニク・パラッチ、ニック・パントゥッチ、ルカ・パルドゥッチ、ニール・パリク、カトリン・パルマンティエ、クリストフ・パスキエ、ジョナタン・パト、チボー・パトゥイヤール、ジャン＝マルク・パトゥイヨー、メルヴァン・パス、ニラン・ペイリス、ヴィンサン・ペール、シャルル＝アレクサンドル・ペレ、タンギー・ペロドー、ジャン・ペレ、ローラン・ペラン、ベン・ピーターソン、ジュリアン・プチ、マイケル・フィリップス・モスコヴィチ、マチュー・ピカール、レナード・ピカルド、アナスタシア・ピシュロー、マガリー・ピジョン、アダム・ピッテンジャー、サム・プランケット、アントワーヌ・ポルト、シャルル＝アンリ・プレヴォ、ニコラ・プランサン、ジュルミー・プルトー、ヤニク・クヌクドゥ、マノジ・ラナウィラ、ナバル・ラビカント、ティモテ・レイモン、フランソワ・レイノー・ドゥ・フィット、ナブディープ・レディ、マチュー・レミ、マキシム・ルノー、ケヴァン・リシャール、カミーユ・リション、アダム・リングラー、ケイラ・ローク、ジュリアン・ロバート、ケヴァン・ロシュ、ポリ・ロドリゲス、ウィリアム・ロイ、アリエル・ロザンブルム、ピエール＝エマニュエル・サンテスプリ、マルタン・サンマカリ、バプティスト・サントバン、ライアン・サンダース、オレリアン・シュミテール、エリック・シュネマン、アミル・スガル、セバック・セバック、ルバン・スファジ、セドリック・シスコ、ピエール＝エドゥアール・ステラン、アリクス・タフル、タオ・タオ、フロラン・タルディヴェル、クリス・テイラー、マイケル・テレル、ヤン・テイシエ、アンケ・ティーレ、アン・トー・チュオン、ベンジャミン・ティアニー、セドリック・トミシ、ハオ・トラン、ステファニ・トラン、マーク・トレベイル、オリヴィエ・トルイユ、ローラン・ウントゥレネル、キャスリーン・ユーテックト、ミカエル・ウザン、アントワーヌ・ヴァン・デン・ブローク、ロクサーン・バルザ、アルノー・ヴェルタン、マーク・ヴェルスタン、アントワーヌ・ヴェット、ジョフレ・ヴィダル、ジョズ・ヴィエイテス、マーカス・ヴィリグ、セバスティエン・ヴォラン、トーマス・ヴォルピ、ライアン・ウィリアムズ、クレール・ウォズニアック、エリック・ユアン、アリス・ザグリ、ベンジャマン・ズヌー。

次の校正者の方々に心から感謝します。細かい部分に並外れた注意を払い、そして何よりも誠実に仕事をしてくださいました（63番目の再校は初稿とはまるで違う！）。クレール・ウォズニアック、エリック・ユアン、アリス・ザグリ、ベンジャマン・ズヌー、ロマン・フランコーズ、アレクサンドラ・ル・ギネル、ジェレミ・ドゥテ、ジョナタン・フェルビュフ、ダビド・ミショー、ジュリアン・レイノー、ヤニク・クヌクドゥ、トマ・カンボ、フィリップ・デグランジュ、フロラ・ガンテル、サラ・モアリフ、サイモン・ベネット、リズ・イービー、ドゥヨラ・アドゥクンル。

素晴らしい翻訳者であるマシュー・ベルシャムとダニエル・コートネイの見事な仕事と

忍耐力にも感謝します。

そして、読者の皆様へ。面白く読めて、何かを学ぶことができたと思ってくださったなら、オンラインでぜひレビューを書いてください。いつでも大歓迎です。

原注

（1）マット・リドレー、『繁栄——明日を切り拓くための人類10万年史』（早川書房）、数字は経済学者ウィリアム・ノードハウスによる。

（2）マイケル・フーベルマン＆ クリス・ミンス、『彼らが変わらない時代：旧世界と新世界での労働の日数と時間、1870年－2000年（The times they are not changin': Days and hours of work in Old and New Worlds, 1870-2000.）』Explorations in Economic History, 44(2007): 538-567.

（3）マッキンゼー・グローバル・インスティチュート、『生産性のパズルを解く：需要の役割とデジタル化の約束（Solving the productivity puzzle: the role of demand and the promise of digitization）』（2018年2月）

（4）出典：毎年8月に実施されるギャラップ社の仕事と教育に関する調査。

（5）出典：競争力のある非農業部門の幹部と学術専門家についてのDARES調査。

（6）2015年、コーナーストーン・オンデマンド社が、コールセンターの職務に応募した50000人の候補者を対象に調査を行った。ファイヤーフォックスまたはChromeを使用した従業員は、90日で必要な顧客満足度の評価に達し、残りの従業員は120日かかった。

（7）「3のルール」のオリジナルの出典はJ・D・メイヤーによる時間管理術の著書『Getting Results the Agile Way』（2010）である。

（8）グロリア・マーク（カリフォルニア大学アーバイン校）の研究による。

（9）Gmailの「設定」メニューで「送信＆アーカイブ」ボタンを有効にすると、返信したときにやり取りを自動的にアーカイブするために使うボタンが表示される。

（10）モーガン・K・ワード＆ジョセフ・K・グッドマン＆ジュリー・R・アーウィン、『馴染みの曲：音楽の選択における親しみやすさの力（The same old song: The power of familiarity in music choice.）』Marketing Letters、25（2014）：1-11.

（11）出典：https://podio.com/site/creative-routines.

（12）カレンダーに現れる「フライト」という単語を手掛かりとして機能し、結果のアクションとして、「空港送迎」という見出しでフライトの前後2時間が自動的にブロックされる。「Zapierと作成した提案」と追加して、カレンダーにアクセスするユーザーに100%正確ではない可能性があると知らせることをお勧めする。

（13）キース・レイナー、エリザベス・R・ショッター、マイケル・E・J・マッソン他、『読むことがたくさんあるので、時間がほとんどない：どのように読むのか、速読は役立つのか？（So Much to Read, So Little Time: How Do We Read, and Can Speed Reading Help?）』Psychological Science in the Public Interest, 17(2016): 4-34.

（14）ダニエル・カーネマン、アンガス・ディートン（ノーベル経済学賞受賞者）、『高収入は人生の評価を向上させるが、感情的な幸福は向上させない（High income improves evaluation of life but not emotional well-being.）』PNAS、107（2010）：16489-16493.

巻末付録 メガ起業家に聞いた 使えるショートカットキー

■GmailとOutlookのショートカット

Gmail と Outlook は完全にショートカットで操作ができる。Gmail ユーザーは、「設定」メニューで「キーボードショートカットON」を選択するだけだ。人気トップは次のとおり。

※ ⇧ は shift キー

Gmailショートカット　人気トップ

メールの作成/返信	作成 C	返信 R	全員に返信 A
……そして転送/送信	転送 F	送信(Mac) ⌘ enter	送信(Windows) Ctrl enter
選択とアーカイブ	選択 X	アーカイブ E	
次の/前のEメールへ	前 J	次 K	
受信トレイビューに戻る	スレッドリストに戻る U		受信トレイに戻る G I
カーソルを検索バーに移動する	/		

Outlookショートカット(Windows)　人気トップ

メールの作成/返信	作成 Ctrl ⇧ M	返信 Alt H R P	
メールの転送/送信	転送(または Ctrl F) Alt H F W	送信 Alt S	
ファイルを挿入する	Alt N A F		
別のビューに切り替える	Eメール Ctrl 1	カレンダー Ctrl 2	連絡先 Ctrl 3

前の／次のメッセージに進む	前 Ctrl + ,（コンマ）	次 Ctrl + .（ピリオド）
アイテムを検索する	Ctrl + E	

■Googleスプレッドシートとエクセルのショートカット

時間を無駄に使う余裕があるなら別だが、そうでないのなら、スプレッドシートをマウスで移動するのは無意味だ。

Googleスプレッドシートと Microsoft エクセルはキーボードショートカットの80%を共有しているため、エクセルユーザーはGoogleのオンラインバージョンに簡単に切り替えることができる。

以下に、Googleスプレッドシート／エクセルのショートカットを、使用頻度の高い順に紹介する。リサーチにあたっては、７つのタブを含むスプレッドシートを15分未満で作成できる人に話を聞いた（ほとんどが銀行家とコンサルタントだった）。

最も有用なキーは「Ｆ２」である。一部のコンサルティング会社では、Ｆ２キーを押そうとしたときにWindowsのヘルプメニューが表示されないように、Ｆ１キーを削除するように新人にアドバイスするぐらいだ。

Ｆ２キーを押すと、編集モードと入力モードを切り替えることができる。スプレッドシートをナビゲートしている場合は、セルを確定してF2キーを押すと、カーソルがコンテンツを編集していることを示す。

マウスを使ってスプレッドシート内を移動し続けるのではなく、左右の矢印キーで数式内を移動する。Macを使っている場合は、Ｆキーを「標準のファンクションキー」として定義する必要がある。そうでなければ、ｆｎとＦ２を同時に押し続けなければならない。これを行うには、「システム環境設定」>「キーボード」>「Ｆ１、Ｆ２などのすべてのキーを標準のファンクションキーとして使用」にチェックを入れる。

Macの表計算ソフトでよく使われるショートカット	Googleスプレッドシート	エクセル
選択したセルを編集	F2	F2
数式も一緒にコピーする	下方向へコピー ⌘ D　右方向へコピー ⌘ R	下方向へコピー ⌘ D　右方向へコピー ⌘ R
コメントを挿入	⌘ option M	⇧ F2
中央揃え	⌘ shift E	⌘ E
やり直す	F4 or ⌘ Y	F4 or ⌘ Y
行または列を選択	行 ⇧ space　列 Ctrl space	行 ⇧ space　列 Ctrl space
右のセル範囲を選択（空白以外の最後のセルまで）	⌘ ⇧ →	⌘ ⇧ →
……そして下	⌘ ⇧ ↓	⌘ ⇧ ↓

Windowsの表計算ソフトでよく使われるショートカット	Googleスプレッドシート	エクセル
選択したセルを編集	F2	F2
数式も一緒にコピーする	下方向へコピー Ctrl D　右方向へコピー Ctrl R	下方向へコピー Ctrl D　右方向へコピー Ctrl R
コメントを挿入	Ctrl Alt M	⇧ F2
中央揃え	Ctrl ⇧ E	Alt H A C
やり直す	F4 or Ctrl Y	F4 or Ctrl Y
行または列を選択	行 ⇧ space　列 Ctrl space	行 ⇧ space　列 Ctrl space
右のセル範囲を選択（空白以外の最後のセルまで）	Ctrl ⇧ →	Ctrl ⇧ →
……そして下	Ctrl ⇧ ↓	Ctrl ⇧ ↓

■ブラウザのショートカット

以下は、Chromeとその他のウェブブラウザで最も人気のあるショートカットだ。

ウェブブラウザのショートカット トップ6	Mac	Windows
新しいタブを開く	⌘ T	Ctrl T
タブを閉じる	⌘ W	Ctrl W
閉じたタブを再度開く（誤って閉じた場合）	⌘ ⇧ T	Ctrl ⇧ T
次のタブに移動する（右側）	Ctrl Tab	Ctrl Tab
……そして前のタブに移動する（左側）	Ctrl ⇧ Tab	Ctrl ⇧ Tab
次のフィールドに移動する（フォーム内）	Tab	Tab
カーソルを検索バーに移動する	⌘ L	Ctrl L

■ワープロのショートカット
（ワード、Googleドキュメントなど）

ワープロの ショートカット トップ5	Mac	Windows
行末に行く	⌘ →	End
……そして行頭に行く	⌘ ←	Home
ある単語から次の単語に ジャンプする（ワード）	option →	Ctrl →
1単語削除（ワード）	option Del	Ctrl Del
ハイパーテキストリンクを 添付	⌘ K	Ctrl K

※情報は変更になることがあります。

【著者】

ウィル・デクレール（Will Declair）

衣料品ブランド「Loom」の共同創設者であり、人々と環境を尊重するテキスタイル業界を提唱している。以前、男性ゼネラリストのメディアアウトレットである「Merci Alfred」を共同設立した。この2つの職業について、彼が好むのは、少しあいまいな主題を選択して（非常に）長い記事を作成すること。

バオ・ディン（Bao Dinh）

ベンチャーキャピタルへの投資家として、革新的な初期段階の企業に投資し、成長に向けて創設者をサポートしている。以前は、「Airbnb」が買収したホテル予約アプリ「HotelTonight」でヨーロッパ・中東・アフリカ地域の責任者を務めていた。世界中を旅したことがあり、情熱的な料理人である。ヒントを手に入れることを期待して、リアリティ料理番組の『トップシェフ』の出場者を自宅でのディナーに定期的に招待している。

ジェローム・デュモン（Jerome Dumont）

ユーザー・エクスペリエンスの専門家。再生ハイテクデバイス専用のオンラインプラットフォーム「Back Market」の顧客のエクスペリエンスを向上させ、オブジェクトに第二の人生を与えている。以前には、フランスのモバイルアプリ開発代理店「One More Thing Studio」を共同設立した。23歳のとき、初めてバーニングマン・フェスティバルに参加し、世界中をバックパックで旅してきた。ジェロームは現在、年に一度の参加型フェスティバル「Opal」をフランスで開催し、余暇にはギターを弾き、バイクに乗り、パリ地下の散策を楽しんでいる。

この本のどこかのページが何らかの形であなたの役に立ったなら、
hey@extrahourbook.com にご連絡をいただければ、大変嬉しく思います。フェイスブック、LinkedIn、Twitter でも探せますので、「XHbook」で検索してください。

【訳者】

鹿田昌美（しかた・まさみ）

翻訳家。国際基督教大学卒。訳書に『ダントツになりたいなら、「たったひとつの確実な技術」を教えよう』（飛鳥新社）、『朝時間が自分に革命をおこす 人生を変えるモーニングメソッド』（大和書房）、『ねむたい こいし～読むだけで眠たくなる絵本～』（かんき出版）、『子育ての経済学：愛情・お金・育児スタイル』（慶應義塾大学出版会）など多数。

THE EXTRA HOUR

Original English language edition first published by Penguin Random House, London

Japanese translation rights arranged with
PENGUIN RANDOM HOUSE UK
through Japan UNI Agency, Inc., Tokyo

装丁　井上新八
本文デザイン＆DTP　松好那名（matt's work）
校正　株式会社鷗来堂
編集　梅田直希（サンマーク出版）

超速

2021年5月20日　初版印刷
2021年5月30日　初版発行

著　　者　ウィル・デクレール、バオ・ディン、ジェローム・デュモン
訳　　者　鹿田昌美
発 行 人　植木宣隆
発 行 所　株式会社サンマーク出版
〒169-0075 東京都新宿区高田馬場2-16-11
電話　03(5272)3166
印　　刷　三松堂株式会社
製　　本　株式会社若林製本工場

定価はカバーに表示してあります。落丁、乱丁本はお取り替えいたします。
ISBN978-4-7631-3875-0　C0030
ホームページ　https://www.sunmark.co.jp